히어로 왕초보
영어 회화

히어로 왕초보
영어 회화

초판 8쇄 발행 2025년 9월 20일
초판 1쇄 발행 2016년 7월 30일

저자	더 콜링_김정희, 박윤수
기획	김은경
편집	이지영
발행인	조경아
발행처	**랭귀지북스**
주소	서울시 마포구 포은로2나길 31 벨라비스타 208호
등록번호	101-90-85278 **등록일자** 2008년 7월 10일
전화	02.406.0047 **팩스** 02.406.0042
이메일	languagebooks@hanmail.net
MP3 다운로드	blog.naver.com/languagebook

ISBN   979-11-5635-047-7 (10740)
값   10,000원
ⓒLanguageBooks, 2016

이 책은 저작권법에 따라 보호받는 저작물이므로 무단 전재와 무단 복제를 금지하며,
이 책 내용의 전부 또는 일부를 이용하려면 반드시 저작권자와 랭귀지북스의
서면 동의를 받아야 합니다. 잘못된 책은 구입처에서 바꿔 드립니다.

히어로 왕초보
영어 회화

랭귀지북스

Preface 머리말

내 손안에 쏙 들어오는 〈히어로 왕초보 영어 회화〉는 일상에서 쓸 수 있는 영어 회화만을 담았습니다. 외국 여행, 해외 출장 및 미팅, 어학연수, 유학, 이민뿐만 아니라 한국에 거주하는 외국인이 증가하면서 외국인을 만날 기회가 많아졌습니다. 더군다나 인터넷과 SNS의 발달로 외국인 친구 사귀기는 마음만 먹으면 쉽게 할 수 있습니다.

당장 내 앞에 외국인이 길이라도 물어본다면, 또는 글로벌 시대에 온라인에서 외국 친구 한 명 사귀어 보고 싶다면, 자신 있게 〈히어로 왕초보 영어 회화〉를 꺼내 보세요.

나의 영어 실력을 빛나게 할 작지만 강한 책으로 이제 당신도 영어 히어로가 될 수 있습니다.

더 콜링_김정희

About this book 이 책의 특징

• 막힘없이 쉽게!

왕초보부터 초·중급 수준의 영어 학습자를 위한 회화 포켓북입니다. 영어권 사람들과 바로 통하는 표현을 엄선해, 인사부터 쇼핑, 여행, 사건&사고까지 세세하게 구성했습니다. 이제 어떤 영어 응급상황이 닥치더라도 당황하지 말고 상황별 표현을 찾아 막힘없이 말해 보세요.

• 리얼 발음으로 쉽게!!

왕초보도 영어를 쉽게 읽을 수 있도록 원어민 발음에 최대한 가까운 한글 발음을 각 표현 하단에 표기했습니다. 단어와 단어 사이가 연음이 되는 부분까지 세심히 체크하여 반영한 한글 표기로 이제 자신 있게 리얼 발음을 구사해 보세요.

• 어디서나 쉽게!!!

한손에 쏙 들어오는 크기로, 24시간 주머니 속에 넣고 다니며 필요할 때마다 꺼내 표현을 익힐 수 있습니다. 이제까지 보디랭귀지와 단순 단어만으로 영어 위기상황을 모면했다면 지금부터는 포켓 사이즈 〈히어로 왕초보 영어 회화〉로 언제 어디서든 마음껏 이야기해 보세요.

● 영어 알파벳과 발음

영어의 알파벳은 26개입니다. 각각 대문자와 소문자가 있는데, 고유명사의 첫글자나 약자 등은 대문자로 표기하는 것이 일반적입니다. 그리고 알파벳은 우리말의 ㄱ, ㄴ, ㄷ처럼 한 가지 소리를 내는 것이 아니라, 여러 가지로 발음될 수 있기 때문에 각 단어에서 어떤 발음으로 쓰이는지 발음기호를 확인해 볼 필요가 있습니다. 각 알파벳이 내는 대표적인 발음 위주로 알아보겠습니다.

1. Alphabet 앨퍼벳

MP3. C00

A/a 에이	B/b 비-	C/c 씨-
arrow [애로우] 화살	**b**aby [베이비] 아기	**c**at [캣] 고양이

D/d 디-	E/e 이-	F/f 에프
dog [더억] 개	**e**nergy [에너쥐] 에너지	**f**rog [프러억] 개구리

G/g 쥐-	H/h 에이취	I/i 아이
garden [가-든] 정원	**h**at [햇] 모자	**i**mportant [임퍼-턴(ㅌ)] 중요한

J/j 제이	K/k 케이	L/l 엘
jacket [재킷] 재킷	**k**ing [킹] 왕	**l**emon [레먼] 레몬

M/m 엠	N/n 엔	O/o 오우
milk [밀(ㅋ)] 우유	**n**ame [네임] 이름	**o**nion [어년] 양파

P/p 피-	Q/q 큐-	R/r 아알
piano [피애노우] 피아노	**q**uiz [쿠이(ㅈ)] 퀴즈	**r**ibbon [리번] 리본

S/s 에스	**T/t** 티-	**U/u** 유-

ski
[스키-]
스키

toy
[터이]
장난감

ugly
[어글리]
못생긴

V/v 비-	**W/w** 더블유-	**X/x** 엑스

volcano
[바알케이노우]
화산

water
[워-터]
물

bo**x**
[박(ㅅ)]
상자

Y/y 와이	**Z/z** 지-

yellow
[옐로우]
노란색

zoo
[주-]
동물원

2. 발음

① **A a** [에이]

a가 낼 수 있는 발음 중, 가장 대표적인 [애]와 [에이]에 대해 연습합니다.

- [애]　　**a**sk [애슥] 질문하다/ **a**rrow [애로우] 화살
- [에이]　f**a**ce [페이(ㅆ)] 얼굴/ r**a**ce [레이(ㅆ)] 경주

　tip. 그 밖에 **a**bout의 [어]라는 발음도 있습니다.

② **B b** [비-]

b는 단어에서 우리말의 ㅂ [비읍]과 비슷한 발음을 냅니다.

- [브]　**b**a**b**y [베이비] 아기/ **b**ear [베어] 곰

③ **C c** [씨-]

c는 단어에서 [크]와 [쓰] 발음을 냅니다. 또 h와 붙은 ch는 [츠] 발음이 납니다.

- [크]　**c**ake [케익] 케이크/ **c**up [컵] 컵
- [쓰]　**c**ity [씨티] 도시/ **c**eiling [씨-링] 천장
- [츠]　**ch**eese [치-(ㅈ)] 치즈/ **ch**air [체어] 의자

④ **D d** [디-]

d는 단어에서 우리말의 ㄷ[디귿]과 비슷한 발음입니다.

- [드] **d**og [더억] 개/ **d**ress [드레(ㅅ)] 드레스

⑤ **E e** [이-]

e는 여러 가지 발음이 있지만, 대표적으로 [에]와 [이-]가 있습니다.

- [에] **e**nergy [에너쥐] 에너지/ **e**ight [에잇] 여덟, 8
- [이-] sh**ee**p [쉬입] 양/ d**ee**p [디입] 깊은

⑥ **F f** [에프]

f는 우리말의 'ㅍ'도 아니고 'ㅎ'도 아닌 우리말에 없는 발음이라 편의상 [프]로 표기합니다. 윗니로 아랫입술을 살짝 물고 바람을 통과시키며 내는 발음입니다.

- [프] **f**rog [프러억] 개구리/ **f**ork [퍼-(ㅋ)] 포크

⑦ **G g** [쥐-]

g 는 단어에서 [그]와 [즈] 발음을 냅니다.

- [그]　gray [그레이] 회색/ garden [가-든] 정원
- [즈]　giraffe [저래(ㅍ)] 기린/
　　　　gentleman [젠틀먼] 신사

⑧ **H h** [에이취]

h 는 단어에서 우리말의 ㅎ [히읗]과 비슷한 발음입니다.

- [흐]　hat [햇] 모자/ hand [핸(ㄷ)] 손

⑨ **I i** [아이]

i 가 낼 수 있는 발음은 여러 가지지만, 그중 많이 쓰이는 [이]와 [아이]를 연습합니다.

- [이]　　important [임퍼-턴(ㅌ)] 중요한/
　　　　　ink [잉(ㅋ)] 잉크
- [아이]　drive [드라이(ㅂ)] 운전하다/
　　　　　ice [아이(ㅆ)] 얼음

⑩ **J j** [제이]

j는 단어에서 우리말의 ㅈ [지읒]과 비슷한 발음입니다.

- [즈] **j**am [잼] 잼/ **j**ump [점(ㅍ)] 점프

⑪ **K k** [케이]

k는 단어에서 우리말의 ㅋ [키역]과 비슷한 발음입니다.
c의 [크] 발음과 같습니다.

- [크] **k**ing [킹] 왕/ **k**ey [키-] 열쇠

    tip. **k**nife [나이(ㅍ)]처럼 단어에서 발음이 나지 않는 k도 있습니다.

⑫ **L l** [엘]

l은 단어에서 우리말의 ㄹ [리을]과 비슷한 발음입니다.

- [르] **l**emon [레먼] 레몬/ **l**eg [렉] 다리

⑬ **M m** [엠]

m은 단어에서 우리말의 ㅁ[미음]과 비슷한 발음입니다.

- [므]   moon [무운] 달/ milk [밀(ㅋ)] 우유

   tip. 단어의 처음에 올 때는 [므]의 소릿값을 갖지만, mom [맘] 처럼 m이 모음 뒤에 오면 우리말의 받침 ㅁ이 됩니다.

⑭ **N n** [엔]

n은 단어에서 우리말의 ㄴ[니은]과 비슷한 발음입니다.

- [느]   name [네임] 이름/ new [누-] 새로운

⑮ **O o** [오우]

o는 다양한 발음으로 활용되는 모음입니다. 대표적인 발음으로 [아], [오우], [어]에 대해 살펴보겠습니다.

- [아]   octopus [악터퍼(ㅅ)] 문어/ owl [아울] 올빼미
- [오우]   nose [노우(ㅈ)] 코/ tone [토운] 소리
- [어]   oven [어번] 오븐/ onion [어년] 양파

⑯ **P p** [피-]

p는 단어에서 우리말의 ㅍ[피읖]과 비슷한 발음입니다. 앞서 배운 f의 발음과 차이가 있기 때문에 주의해야 합니다. p는 입을 다물고 있다가 힘 있게 [프]라고 합니다.

- [프] **p**ot [팟] 냄비/ **p**arty [파-티] 파티

⑰ **Q q** [큐-]

q는 단어에서 우리말의 ㅋ[키역]과 비슷한 음이 나지만, 앞서 배운 c와 k의 [크]와는 차이가 있습니다. 일반적으로 q 뒤에는 u가 오기 때문에 실제적으로는 [크우] 발음에 가깝습니다.

- [쿠이] **q**uiz [쿠이(ㅈ)] 퀴즈/ **q**ueen [쿠이인] 여왕

⑱ **R r** [아알]

r은 단어에서 우리말의 ㄹ[리을]과 비슷한 음이긴 하지만, 앞서 배운 l의 발음과 차이가 있습니다. r 발음 역시 우리말로 표기할 수 없는데, 혀를 동그랗게 말아서 혀끝을 입천장에 닿을락말락 한 상태로 만들고 [르]라고 합니다.

- [르] **r**ose [로우(ㅈ)] 장미/ **r**abbit [래빗] 토끼

⑲ **S s** [에스]

s는 우리말의 ㅅ[시옷]과 비슷한 발음입니다. 또 h와 붙은 sh는 바람이 새는 소리 같은 [쉬]라고 합니다.

- [스] **s**ki [스키-] 스키/ **s**and [샌(ㄷ)] 모래
- [쉬] **sh**ake [쉐익] 흔들다/ **sh**irt [셔-(ㅌ)] 셔츠

⑳ **T t** [티-]

t는 우리말의 ㅌ[티읕]과 비슷한 발음입니다. 또 h와 붙은 th는 혀끝을 이 사이에 물었다가 놓으면서 내는 [쓰]와 [드] 발음을 냅니다.

- [트] **t**oy [터이] 장난감/ **t**iger [타이거] 호랑이
- [쓰] **th**umb [썸] 엄지손가락/ **th**ief [씨-(ㅍ)] 도둑
- [드] **th**at [댓] 저것/ **th**ere [데어] 거기

㉑ **U u** [유-]

모음 u는 [어]와 [우-]가 대표적인 발음입니다.

- [어] **u**p [업] 위로/ **u**gly [어글리] 못생긴
- [우-] fr**u**it [프루읏] 과일/ J**u**ne [주운] 6월

㉒ **V v** [비-]

v도 우리말로 표기할 수 없는 발음 중 하나입니다. f를 발음하듯이 윗니로 아랫입술을 살짝 물고 떨면서 바람 빼는 소리를 냅니다. 편의상 [브]라고 표기합니다.

- [브] vest [베슷] 조끼/ violin [바이얼린] 바이올린

㉓ **W w** [더블유-]

w는 편의상 [우]라고 표기하긴 하지만, [워]에 가까운 발음입니다. [우] 하듯이 입을 내밀고 힘있게 [우어]라고 발음합니다.

- [우] wolf [울(프)] 늑대/ water [워-터] 물

㉔ **X x** [엑스]

x는 대부분 단어의 끝에서 [크(ㅅ)] 소리가 납니다.

- [크(ㅅ)] ax [액(ㅅ)] 도끼/ box [박(ㅅ)] 상자

  tip. xylophone [자일러포운]처럼 x의 뒤에 모음이 올 때는 [즈] 발음이 납니다.

㉕ **Y y** [와이]

y는 원래 자음으로 분류하지만, 모음의 역할도 하기 때문에 준모음으로 분류하는 경우도 있습니다. [이] 소리 뒤에 약하게 [야] 소리가 있다고 생각하면 이해하기 쉽습니다. 그 외에 [아이], [이] 발음이 납니다.

- [이야]　**y**ak [액] 야크/ **y**ellow [옐로우] 노란색
- [아이]　fl**y** [플라이] 날다/ cr**y** [크라이] 울다
- [이]　happ**y** [해삐] 행복한/ pa**y** [페이] 지불하다

㉖ **Z z** [지-]

z는 단어에서 우리말의 ㅈ[지읒]과 비슷한 발음입니다. 앞서 배운 j와는 차이가 있습니다. j는 뭉개듯 소리 내고, z는 이와 잇몸을 진동하듯 떨면서 냅니다.

- [즈]　**z**oo [주-] 동물원/ **z**ero [지로우] 영, 0

- **영어 알파벳과 발음**   6

Chapter 01	**이 정돈 기본이에요!**	
Unit 1	**인사**	
	처음 만났을 때	32
	때에 따른 인사	35
	오랜만에 만났을 때	36
	안부를 묻는 인사	38
	안부 인사에 대한 대답	40
	헤어질 때 인사	41
	환영할 때	44
	사람 부르기	45
	말을 걸 때	47
	화제를 바꿀 때	49
Unit 2	**소개**	
	상대의 정보 묻기	50
	자기 이름에 대해 말하기	51
	신상정보에 대해 말하기	52
	자기소개하기	54
Unit 3	**감사**	
	감사하다	56
	감사 인사에 응답할 때	60

Unit 4	**사과**	
	사과하다	62
	잘못&실수했을 때	64
	사과 인사에 응답할 때	67
Unit 5	**전화**	
	전화를 걸 때	69
	전화를 받을 때	71
	전화를 바꿔줄 때	75
	다시 전화한다고 할 때	77
	전화를 받을 수 없을 때	78
	통화 상태가 안 좋을 때	80
	전화 메시지	81
	잘못 걸려 온 전화	82
	전화를 끊을 때	83
	전화 기타	85
Chapter 02	**무슨 말을 꺼낼까?**	
Unit 1	**하루 생활**	
	일어나기	90
	씻기	93
	식사	94
	옷 입기&화장하기	96

	TV 보기	97
	잠자리 들기	99
	잠버릇	100
	숙면	102
	꿈	104
Unit 2	**집**	
	화장실 사용	106
	화장실 에티켓	107
	소변&대변	109
	욕실 사용	110
	거실 생활	112
	홈시어터	114
	부엌용품	116
	냉장고	117
	전자&가스레인지	119
	요리 준비	121
	요리하기	122
	식사 예절	124
	설거지	125
	위생	127
	청소	128
	걸레질	130

	분리수거(쓰레기)	131
	세탁	132
	집 꾸미기	134
Unit 3	**운전&교통**	
	운전	136
	주차	139
	교통 체증	140
	교통 위반	142
Unit 4	**이사**	
	부동산–집 구하기	146
	부동산–조건 보기	147
	부동산–계약하기	149

Chapter 03	**어디에서든 문제없어!**	
Unit 1	**음식점**	
	음식점 추천	154
	식당 예약	155
	예약 없이 갔을 때	157
	메뉴 보기	158
	주문 전	160
	주문 결정	161
	주문하기–메인 요리	163
	주문하기–선택 사항	164

	주문하기–음료&디저트	165
	주문하기–요청 사항	167
	웨이터와 대화	168
	서비스 불만	169
	음식 맛 평가	171
	계산	172
	카페	174
	패스트푸드	175
	배달	177
Unit 2	**쇼핑**	
	쇼핑	179
	쇼핑몰	180
	옷 가게	182
	옷 구입 조건	183
	옷 구입 결정	185
	대형 마트&슈퍼마켓	186
	할인 기간	189
	할인 품목&비율	192
	할인 구입 조건	194
	할부 구매	195
	계산하기	198
	배송	201
	환불&반품	202

Unit 3	**병원&약국**	
	병원 예약&수속	204
	진찰실	206
	외과	207
	내과–감기	209
	내과–열	210
	내과–소화기	212
	치과–치통	215
	치과–발치	216
	치과–충치	218
	치과–기타	219
	진료 기타	221
	입원&퇴원	224
	수술	226
	병원비&보험	227
	문병	229
	처방전	230
	약국–복용 방법	232
	약국–약 구입	233
Unit 4	**은행&우체국**	
	은행 계좌	235
	입출금	236
	송금	238
	ATM 사용	239

	ATM 현금카드	241
	신용카드	242
	환전	244
	환율	245
	대출 상담	247
	대출 이자율	248
	대출 보증	250
	은행 기타	252
	편지 발송	253
	소포 발송	255
	우체국 기타	257
Unit 5	**미용실**	
	미용실 상담	259
	커트	260
	퍼머	263
	염색	265
	네일	266
	미용실 기타	268
Unit 6	**세탁소**	
	세탁물 맡기기	270
	세탁물 찾기	271
	세탁물 확인	273
	얼룩 제거	274
	수선	275

Unit 7	**렌터카&주유소**	
	렌터카–대여&차종	277
	렌터카–요금&반납	278
	주유소	280
	세차&정비	282
Unit 8	**영화관&기타 공연장**	
	영화관	284
	영화표	287
	영화관에서의 에티켓	289
	기타 공연	290
Unit 9	**술집&클럽**	
	술집	292
	술 약속 잡기	293
	술 권하기	295
	술 고르기	298
	안주 고르기	299
	클럽	301
Unit 10	**파티**	
	파티 전	302
	파티 초대	305
	파티 후	306
	다양한 파티	308

Chapter 04   그녀는 변덕쟁이!

Unit 1   좋은 감정

기쁘다	314
행복하다	317
안심하다	318
만족하다	320
재미있다	322

Unit 2   좋지 않은 감정

슬프다	324
실망하다	327
화내다	329
밉다	334
억울하다	336
후회하다	337
부끄럽다	339
걱정하다	340
무섭다	343
놀라다	345
지겹다	350
귀찮다	351
짜증 나다	353
아쉽다	355
긴장하다	356
불평하다	358
신경질적이다	360

Unit 3	**성격**	
	낙천적이다	362
	착하다	364
	진취적이다	365
	순진하다	367
	내성적이다	368
	우유부단하다	370
	비관적이다	371
	이기적이다	372
Unit 4	**기호**	
	좋아하다	374
	싫어하다	375

Chapter 05	**여행 가서도 척척!**	
Unit 1	**출발 전**	
	항공권 예약	380
	예약 확인&변경	383
	여권	384
	비자	386
Unit 2	**공항**	
	공항 이용	389
	티켓팅	391
	보딩	392
	세관	394

	면세점 이용	395
	출국 심사	397
	입국 심사	398
	짐을 찾을 때	403
	마중	404
	공항 기타	406
Unit 3	**기내**	
	기내 좌석 찾기	408
	기내에서	409
	기내식	411
Unit 4	**숙박**	
	숙박 시설 예약	413
	체크인	416
	체크아웃	417
	숙박 시설 이용	419
	숙박 시설 트러블	422
Unit 5	**관광**	
	관광 안내소	424
	투어	425
	입장권을 살 때	427
	관람	428
	길 묻기	430
Unit 6	**교통**	
	기차	433
	지하철	434

	버스	436
	택시	438
	선박	441

Chapter 06 긴급상황도 OK!

Unit 1 **응급상황**

	응급상황	446
	구급차	447

Unit 2 **길을 잃음**

	길을 잃음	450
	미아	451

Unit 3 **사건&사고**

	분실 사고	453
	분실 신고&분실물 센터	454
	도난	456
	소매치기	459
	사기	462
	경찰 신고	465
	교통사고	466
	안전사고	469
	화재	472
	지진	476

Chapter 01
이 정돈 기본이에요!

Unit 1 **인사**
Unit 2 **소개**
Unit 3 **감사**
Unit 4 **사과**
Unit 5 **전화**

Unit 1 인사

처음 만났을 때

💬 처음 뵙겠습니다.

How do you do?
하우 두 유 두

💬 우리 초면인 것 같네요. 전 김지나입니다.

I don't think we've met. I'm Kim Gina.
아이 도운(ㅌ) 씽(ㅋ) 위(ㅂ) 멧. 아임 김 지나

💬 만나서 반갑습니다.

Nice to meet you.
나이(ㅅ) 투 미잇 유
I'm glad to see you.
아임 글랫 투 시- 유

💬 직접 뵙게 되어 반갑습니다.

I'm so glad to meet you in person.
아임 소우- 글랫 투 미잇 유 인 퍼-슨

💬 만나 뵙게 되어 영광입니다.

I'm honored to meet you.
아임 어너-(ㄷ) 투 미잇 유

💬 말씀 많이 들었습니다.

I've heard so much [a lot] about you.
아이(ㅂ) 허-(ㄷ) 소우- 머취 [어 랏] 어바웃 유
I've heard a great deal about you.
아이(ㅂ) 허-(ㄷ) 그레잇 디일 어바웃 유

💬 파커 씨가 당신 이야기를 많이 했어요.

Mr. Parker often speaks of you.
미스터 파-커 어-펀 스피익 서 뷰

💬 마이크 씨, 엠마 씨 아세요?

Mr. Mike, have you met Ms. Emma?
미스터 마익, 해 뷰 멧 미(ㅈ) 엠마

💬 아직 그런 기쁨을 가진 적이 없네요.

I haven't had the pleasure.
아이 해븐(ㅌ) 햇 더 플레저

💬 AB 사의 에이미 피셔 씨군요.
(공항 등에 처음 보는 사람을 마중 나갈 때)

You must be Mrs. Amy Fisher from AB Co.

유 머슷 비- 미시(ㅈ) 에이미 피셔 프럼 에이비- 컴패니

💬 제가 오히려 반갑습니다.

The pleasure is mine.
더 플레저 이즈 마인
It's my pleasure.
잇(ㅊ) 마이 플레저

💬 명함 한 장 주시겠어요?

May I have your business card?
메이 아이 해 뷰어 비즈니(ㅅ) 카-드

💬 제 명함입니다.

Here's my card.
히어(ㅈ) 마이 카-드

💬 전에 우리가 만난 적 있나요?

Have we ever met before?
해 뷔 에버 멧 비퍼-

때에 따른 인사

💬 안녕하세요. (아침 인사)

Good morning.
굿 머-닝

💬 안녕하세요. (점심-오후 인사)

Good afternoon.
굿 애(ㅍ)터누운

💬 안녕하세요. (저녁 인사)

Good evening.
굿 이-브닝

💬 잘 자요. (밤에 자러 갈 때 하는 인사)

Good night.
굿 나잇
Have a good night.
해 버 굿 나잇
Sweet dreams.
스위잇 드리임(ㅅ)

오랜만에 만났을 때

💬 오랜만입니다.

Long time no see.
러엉 타임 노우 시-
It's been a long time.
잇(ㅊ) 빈 어 러엉 타임
It's been quite a while.
잇(ㅊ) 빈 쿠아잇 어 와일
It's good to see you again.
잇(ㅊ) 굿 투 시- 유 어겐

💬 오랫동안 뵙지 못했네요.

I haven't seen you for a long time.
아이 해븐(ㅌ) 시인 유 퍼 어 러엉 타임
It's been a long time, hasn't it?
잇(ㅊ) 빈 어 러엉 타임 해즌 팃

💬 오랫동안 소식을 드리지 못해 죄송합니다.

I beg your pardon for my long silence.
아이 벡 유어 파-든 퍼 마이 러엉 사일런(ㅅ)

💬 세월 참 빠르네요.

Time flies.
타임 플라이(ㅈ)

💬 어떻게 지내셨어요?

How have you been doing?
하우 해 뷰 빈 두잉

💬 하나도 안 변했어요.

You haven't changed a bit.
유 해븐(트) 체인쥐 더 빗

💬 요즘 당신을 보기 힘드네요.

I haven't seen much of you lately.
아이 해븐(트) 시인 머취 어 뷰 레잇리

💬 아니 이게 누구야!

Look who's here!
룩 후(즈) 히어

What a pleasant surprise!
왓 어 플레전(트) 서프라이(즈)

💬 세상 참 좁은데!

What a small world!
왓 어 스머얼 워얼(드)

💬 여기에서 당신을 만나다니 뜻밖이에요.

It's a pleasant surprise to see you here.
잇 처 플레전(트) 서프라이(즈) 투 시- 유 히어
Never thought I've seen you here.
네버 써엇 아이(브) 시인 유 히어

안부를 묻는 인사

💬 잘 지내니!

Hi there!
하이 데어

💬 어떻게 지내세요?

How are you doing?
하우 아- 유 두잉

💬 주말 어떻게 보냈어요?

What did you do last weekend?
왓 디 쥬 두 래슷 위익켄(드)

💬 가족은 어때요?

How's your family?
하우 쥬어 패밀리

💬 어디 안 좋아요?

What's the matter with you?
왓(ㅊ) 더 매더 윗 유

You look under the weather today.
유 룩 언더 더 웨더 터데이

💬 별일 없어요?

Anything new?
애니씽 누-

What's up?
왓 업

What's going on?
왓(ㅊ) 고우잉 언

What's wrong?
왓(ㅊ) 러엉

안부 인사에 대한 대답

💬 잘 지내(고마워).

I'm fine, thank you.
아임 파인, 쌩 큐

Quite well.
쿠아잇 웰

I'm all right.
아임 어얼 라잇

Pretty good.
프리디 굿

Alive and kicking.
얼라이 밴(ㄷ) 킥킹

💬 그럭저럭 지내.

So so.
소우- 소우-

Not too bad.
낫 투- 뱃

Just surviving.
저슷 서-바이빙

💬 늘 마찬가지죠.

Same as usual.
세임 애 쥬쥬얼

About the same.
어바웃 더 세임

💬 별일 없어요.

Nothing special.
나씽 스페셜

💬 그냥 기분이 안 좋아요.

I'm just in a bad mood.
아임 저슷 인 어 뱃 무웃

헤어질 때 인사

💬 안녕히 가세요.

Good bye.
굿 바이
Bye-bye.
바이 바이

💬 잘 가세요. / 그럼 이만.

So long.
소우- 러엉
See you.
시- 유
Take care.
테익 케어

💬 좋은 시간 보내요.

Have a good time.
해 버 굿 타임

💬 좋은 하루 보내요.

Have a nice day.
해 버 나이(ㅅ) 데이

💬 내일 봐요.

See you tomorrow.
시- 유 터머-로우

💬 다음에 봐요.

See you later.
시- 유 레이터

💬 그럼 거기에서 봐요.

See you there, then.
시- 유 데어, 덴

💬 재미있게 보내.

Have fun.
해(ㅂ) 펀

💬 전 지금 가야겠어요.

I'm afraid I've got to go now.
아임 어(ㅍ)레잇 아이(ㅂ) 갓 투 고우 나우

💬 살펴 가요.

Take it easy.
테익 잇 이-지
Take care of yourself.
테익 케어 어 뷰어셀(ㅍ)

💬 가끔 연락하고 지내자.

Keep in touch.
키입 인 터취
Drop me a line.
드랍 미 어 라인
Give me a call.
기(ㅂ) 미 어 커얼

💬 당신 가족에게 제 안부를 전해 주세요.

Say hello to your family for me.
세이 헬로우 투 유어 패밀리 퍼 미
Please give my regards to your family.
플리-(ㅈ) 기(ㅂ) 마이 리가-(ㅈ) 투 유어 패밀리

💬 조만 간에 한번 만나요.

Let's get together soon.
렛(ㅊ) 겟 터게더 수운

💬 즐거운 주말 보내요.

Have a nice weekend.
해 버 나이(ㅅ) 위익켄(ㄷ)

💬 즐거운 여행 되세요.

Enjoy your trip.
인조이 유어 츠립

환영할 때

💬 뉴욕에 오신 걸 환영합니다.

Welcome to New York.
웰컴 투 누- 욕

💬 저희 집에 오신 것을 환영합니다.

Welcome to my home.
웰컴 투 마이 호움

💬 이곳이 마음에 들기 바랍니다.

I hope you'll like it here.
아이 호웁 유일 라익 잇 히어

💬 함께 일하게 되어 반갑습니다.
(회사에서 신입사원을 맞이하는 인사)

Welcome aboard.
웰컴 어버-(ㄷ)

💬 우리 가족이 된 걸 환영해요.
(결혼 등으로 새로운 가족의 일원이 되었을 때)

Welcome to the family.
웰컴 투 더 패밀리
I'm happy to have you as a part of my family.
아임 해피 투 해 뷰 애 저 파- 터(ㅂ) 마이 패밀리

사람 부르기

💬 실례합니다.

Excuse me.
익스큐-(ㅈ) 미
Pardon.
파-든

💬 여보세요? (모르는 남자를 부를 때)

Sir?
서(르)

💬 여보세요? (모르는 여자를 부를 때)

Ma'am?
맴

💬 여어 안녕. (모르는 사람을 편하게 부르거나 인사할 때)

Hi there.
하이 데어

💬 저...

Tell me...
텔 미
See...
시-

말을 걸 때

💬 할 말이 있어요.

I need to tell you something.
아이 니잇 투 텔 유 섬씽
I tell you what.
아이 텔 유 왓
I have something to tell you.
아이 해(ㅂ) 섬씽 투 텔 유

💬 잠깐 이야기 좀 할까요?

Do you have a second?
두 유 해 버 세컨(ㄷ)
Can I talk to you for a minute?
캔 아이 터억 투 유 퍼 어 미닛
Can you spare me a couple of minutes?
캔 유 스패어 미 어 커플 어(ㅂ) 미닛(ㅊ)
I'd like to have a word with you.
아이(ㄷ) 라익 투 해 버 워-(ㄷ) 윗 유

💬 **말씀 중에 죄송한데요.** (상대방이 말하는 중에 끼어들 때)

May I interrupt you?
메이 아이 인터럽 튜
Sorry to interrupt, ...
서-리 투 인터럽(ㅌ)
Pardon me for cutting in.
파-든 미 퍼 컷딩 인
Can I add something?
캔 아이 앳 섬씽

💬 **내 말 좀 들어 봐.**

Let me tell you.
렛 미 텔 유
Listen.
리슨
You know what?
유 노우 왓
Read my lips.
리잇 마이 립(ㅅ)

화제를 바꿀 때

💬 주제를 바꿉시다.

Let's change the topic.
렛(ㅊ) 체인쥐 더 타픽

💬 새로운 주제로 넘어가죠.

Let's go on a new topic.
렛(ㅊ) 고우 언 어 누- 타픽

💬 뭔가 다른 얘기를 하죠.

Let's talk about something else.
렛(ㅊ) 터억 어바웃 섬씽 엘(ㅅ)

💬 서로 의견을 말해 보죠.

Let's bounce ideas off each other.
렛(ㅊ) 바운(ㅅ) 아이디-어 저-(ㅍ) 이-취 어더

Unit 2 소개

MP3. C01_U02

상대의 정보 묻기

💬 성함이 어떻게 되세요?

May I have your name?
메이 아이 해 뷰어 네임

What's your name?
왓 츄어 네임

💬 철자가 어떻게 되죠?

Could you spell that?
쿠 쥬 스펠 댓

💬 만나 뵙고 싶었습니다.

I wanted to see you.
아이 원팃 투 시- 유

💬 직업이 뭐예요?

What do you do?
왓 두 유 두

What line of work are you in?
왓 라인 어(ㅂ) 워- 카- 유 인

💬 누구와 일하세요?

Who do you work for?
후 두 유 워-(ㅋ) 퍼

💬 국적이 어떻게 돼요?

What's your nationality?
왓 츄어 내셔낼러티

💬 몇 개 국어 할 수 있어요?

How many languages do you speak?
하우 매니 랭귀쥐(ㅈ) 두 유 스피익

자기 이름에 대해 말하기

💬 '김'은 성이고, 이름은 '지나'입니다.

'Kim' is my last name, 'Gina' is my first name.
김 이즈 마이 래숫 네임, 지나 이즈 마이 퍼-숫 네임

💬 전 크리스예요, 크리스는 크리스티나를 줄인 이름이에요.

I'm Chris, Chris is short for Christina.
아임 크리(ㅅ), 크리(ㅅ) 이즈 셔-(ㅌ) 퍼 크리스티나

51

💬 제 이름은 할아버지의 이름을 따서 지었어요.

I'm named after my grandfather.
아임 네임 대(프)터 마이 그랜(드)파-더

💬 제 이름은 '수진'이에요. Sun의 S, Uncle의 U, Justice의 J, Information의 I, National의 N 이에요.

My name is Sujin, S as in Sun, U as in Uncle, J as in Justice, I as in Information, N as in National.
마이 네임 이즈 수진, 에스 애 진 선, 유- 애 진 엉클, 제이 애 진 저스티(ㅅ), 아이 애 진 인퍼메이션, 엔 애 진 내셔널

신상정보에 대해 말하기

💬 저는 한국에서 왔습니다.

I'm from Korea.
아임 프럼 커리-아

I'm Korean.
아임 커리-언

My nationality is Korean.
마이 내셔낼러티 이즈 커리-언

💬 저는 AB회사에서 일하는 벤입니다.

I'm Ben from AB company.
아임 벤 프럼 에이비- 컴패니

💬 저는 은행에서 일합니다.

I work at a bank.
아이 워- 캣 어 뱅(ㅋ)

💬 저는 AB 숍에서 일합니다.

I work for AB shop.
아이 워-(ㅋ) 퍼 에이비- 샵

💬 저는 한국대학교 4학년입니다.

I am a senior at Hankuk University.
아이 앰 어 시-녀(ㄹ) 앳 한국 유-너버-서티

💬 저는 미혼입니다.

I'm single.
아임 싱글

💬 저는 결혼했습니다.

I'm married.
아임 메릿

자기소개하기

💬 제 소개를 하겠습니다.

Let me introduce myself.
렛 미 인츠러듀-(ㅅ) 마이셀(ㅍ)

💬 제 소개를 해도 될까요?

May I introduce myself?
메이 아이 인츠러듀-(ㅅ) 마이셀(ㅍ)

💬 방금 소개받은 미스터 리입니다.

My name is Lee as mentioned in my introduction.
마이 네임 이즈 리- 애(ㅈ) 멘션 딘 마이 인츠러덕션

💬 안녕하세요, 제 이름은 김지나입니다.

Hello, my name is Kim Gina.
헬로우, 마이 네임 이즈 김 지나

💬 그냥 지나라고 부르세요.

Just call me Gina.
저슷 커얼 미 지나

💬 안녕하세요, 지미의 친구 김지나입니다.

How do you do? I'm Kim Gina,
a friend of Jimmy's.

하우 두 유 두? 아임 김 지나, 어 프렌 더(ㅂ) 지미(ㅅ)

Unit 3 감사

감사하다

💬 감사합니다.

Thank you.
쌩 큐

💬 아주 감사합니다.

Thank you very much.
쌩 큐 베리 머춰
Thank you so much.
쌩 큐 소우- 머춰
Thanks a million.
쌩 서 밀연

💬 마음 깊이 감사하고 있습니다.

I'm deeply grateful to you.
아임 디입리 그레잇펄 투 유
I'm very grateful to you.
아임 베리 그레잇펄 투 유

💬 매우 고마워서 어떻게 감사드려야 할지 모르겠네요.

I can never thank you enough.
아이 캔 네버 쌩 큐 이넢

I don't know how to thank you enough.
아이 도운(ㅌ) 노우 하우 투 쌩 큐 이넢

💬 어쨌든 감사합니다.

Thank you anyway.
쌩 큐 애니웨이

💬 여러 가지로 감사합니다.

Thank you for everything.
쌩 큐 퍼 에브리씽

💬 고맙다는 말을 전하고 싶었어요.

I would like to express my thanks.
아이 우(ㄷ) 라익 투 익스프레(ㅅ) 마이 쌩(ㅅ)

💬 그렇게 말씀해 주시니 감사합니다.

It's kind of you to say that.
잇(ㅊ) 카인 더 뷰 투 세이 댓

💬 당신은 제 생명의 은인입니다. (비유적인 표현)

You're a life saver.
유어 러 라이(ㅍ) 세이버

💬 당신이 베푼 은혜 평생 잊지 못할 거예요.

I'll never forget what you have done for me.
아일 네버 퍼겟 왓 유 해(ㅂ) 던 퍼 미

💬 저를 위해 애써 주셔서 감사합니다.

Thank you for all the trouble you've done for me.
쌩 큐 퍼 어얼 더 츠러블 유(ㅂ) 던 퍼 미

💬 친절에 감사드립니다.

Thank you for your kindness.
쌩 큐 퍼 유어 카인(ㄷ)니(ㅅ)

💬 도와주셔서 대단히 감사합니다.

Thank you very much for your help.
쌩 큐 베리 머취 퍼 유어 헬(ㅍ)

💬 관심 가져줘서 고마워요.

I appreciate your concern.
아이 어프리-시에잇 유어 컨서언

💬 초대에 감사드립니다.

I appreciate the invitation.
아이 어프리-시에잇 디 인비테이션
Thanks for having me over.
쌩(ㅅ) 퍼 해빙 미 오우버

💬 제게 기회를 주셔서 감사합니다.

Thank you for giving me a chance.
쌩 큐 퍼 기빙 미 어 챈(ㅅ)

💬 길을 가르쳐 주셔서 감사해요.

Thank you for giving us directions.
쌩 큐 퍼 기빙 어스 디렉션(ㅅ)

💬 시간 내주셔서 감사합니다. (거래처와 회의를 마치면서)

Thank you for meeting with us.
쌩 큐 퍼 미-팅 윗 어스

💬 배려해 주신 것 감사합니다.

I appreciate your consideration.
아이 어프리-시에잇 유어 컨시더레이션

💬 기다려 줘서 고마워요.

Thank you for waiting.
쌩 큐 퍼 웨이팅

감사 인사에 응답할 때

💬 천만에요.

You're welcome.
유어 웰컴
No problem.
노우 프라블럼
My pleasure.
마이 플레저

💬 별말씀을요.

Don't mention it.
도운(트) 멘션 잇

💬 제가 오히려 고맙죠.

It was my pleasure.
잇 워즈 마이 플레저
I should be the one to thank you.
아이 슈(드) 비- 더 원 투 쌩 큐

💬 대단한 일도 아닌데요.

No big deal.
노우 빅 디일
It's nothing.
잇(ㅊ) 나씽
It's not a big deal.
잇(ㅊ) 낫 어 빅 디일

💬 언제든지 부탁하세요.

Any time.
애니 타임
You can always count on me.
유 캔 어얼웨이(ㅈ) 카운 턴 미

💬 과찬의 말씀입니다.

I'm honored by your words.
아임 어너-(ㄷ) 바이 유어 워-(ㅈ)

💬 도움이 될 수 있어서 기뻐요.

I'm glad to help you.
아임 글랫 투 헬 퓨

Unit 4 사과

사과하다

💬 미안합니다.

I'm sorry.
아임 서-리

💬 사과드립니다.

I apologize to you.
아이 어팔러자이(ㅈ) 투 유
I owe you an apology.
아이 오우 유 언 어팔러쥐

💬 그 일에 대해서 미안하게 생각하고 있습니다.

I'm sorry about that.
아임 서-리 어바웃 댓
I feel sorry about it.
아이 피일 서-리 어바웃 잇

💬 오래 기다리게 해서 미안합니다.

I'm sorry to have kept you waiting so long.
아임 서-리 투 해(ㅂ) 켑 츄 웨이팅 소우- 러엉

💬 폐를 끼쳐서 죄송합니다.

I'm sorry to disturb you.
아임 서-리 투 디스터 뷰

I'm sorry for all the troubles that I have caused.
아임 서-리 퍼 어얼 더 츠러블(ㅈ) 댓 아이 해(ㅂ) 커-(즛)

💬 늦어서 죄송합니다.

Excuse me for being late.
익스큐-(ㅈ) 미 퍼 비잉 레잇

💬 다시는 이런 일이 없을 겁니다.

It won't happen again.
잇 워운(ㅌ) 해픈 어겐

💬 뭐라고 사과해야 할지 모르겠어요.

I can't tell you how sorry I am.
아이 캔(ㅌ) 텔 유 하우 서-리 아이 엠

I don't know what to say.
아이 도운(ㅌ) 노우 왓 투 세이

💬 부디 제 사과를 받아 주세요.

Please accept my apology.
플리-(ㅈ) 액셉(ㅌ) 마이 어팔러쥐

💬 기분 나빴다면 미안해요.

I'm sorry if it offended you.
아임 서-리 이(프) 잇 어펜디 쥬

💬 미안하다는 말을 하고 싶어요.

I'd like to say I'm sorry.
아이(드) 라익 투 세이 아임 서-리

잘못 & 실수했을 때

💬 제 잘못이었어요.

It was my fault.
잇 워즈 마이 퍼얼(트)
I blame no one but myself.
아이 블레임 노우 원 벗 마이셀(프)

💬 제가 망쳐서 죄송합니다.

Sorry that I blew it.
서-리 댓 아이 블루- 잇

💬 고의가 아니었어요.

I didn't mean it at all.
아이 디든(ㅌ) 미인 잇 앳 어얼
I didn't do it on purpose.
아이 디든(ㅌ) 두 잇 언 퍼-퍼(ㅅ)
My intentions were good.
마이 인텐션(ㅅ) 워- 굿

💬 제가 말을 실수했어요.

It was a slip of the tongue.
잇 워즈 어 슬립 어(ㅂ) 더 텅

💬 제가 실수했어요.

I made a mistake.
아이 메잇 어 미스테익

💬 단지 제 탓이에요.

I can only blame myself.
아이 캔 오운리 블레임 마이셀(ㅍ)

💬 죄송해요, 어쩔 수가 없었어요.

I'm sorry, I couldn't help it.
아임 서-리, 아이 쿠든(ㅌ) 헬 핏

💬 미안해요, 깜빡 잊었어요.

I'm sorry, I forgot.
아임 서-리, 아이 퍼갓

💬 문제가 생기리라고는 생각지 못했어요.

I didn't expect to have a problem.
아이 디든(트) 익스펙(트) 투 해 버 프라블럼
It's totally unexpected.
잇(ㅊ) 토우털리 언익스펙팃
It's out of the blue.
잇(ㅊ) 아웃 어(ㅂ) 더 블루-
Nobody saw this coming.
노우바디 서- 디스 커밍

💬 만회할 기회를 주세요.

Give me a chance to make it up to you.
기(ㅂ) 미 어 챈(ㅅ) 투 메익 잇 업 투 유

💬 다시는 이런 일이 없을 겁니다.

This won't happen again.
디스 워운(트) 해픈 어겐

사과 인사에 응답할 때

💬 괜찮습니다.

That's all right.
댓(ㅊ) 어얼 라잇
That's okay.
댓(ㅊ) 오우케이
No sweat.
노우 스웻

💬 용서하죠.

You're forgiven.
유어 퍼기븐

💬 친구 좋다는 게 뭐야?

What are friends for?
왓 아- 프렌(ㅈ) 퍼

💬 서로 용서하고 잊어버리자.

Let's forgive and forget.
렛(ㅊ) 퍼기 밴(ㄷ) 퍼갓

💬 저야말로 사과를 드려야죠.

It is I who must apologize.
잇 이즈 아이 후 머슷 어팔러자이(ㅈ)

💬 걱정하지 마세요.

Don't worry about it.
도운(ㅌ) 워-리 어바웃 잇

💬 사과를 받아들이죠.

You are accepted.
유 아- 액셉팃

Unit 5 전화

전화를 걸 때

💬 데이비드와 통화할 수 있나요?

Could I speak to David, please?
쿠 다이 스피익 투 데이빗, 플리-(ㅈ)

💬 벤 있어요?

Is Ben there?
이즈 벤 데어

💬 샐리와 통화하려고 하는데요.

I'm trying to get in touch with Sally.
아임 츠라잉 투 겟 인 터취 윗 샐리
I'm trying to reach Sally.
아임 츠라잉 투 리-취 샐리
I'd like to speak with Sally, please.
아이(ㄷ) 라익 투 스피익 윗 샐리, 플리-(ㅈ)
I'd like to talk to Sally, please.
아이(ㄷ) 라익 투 터억 투 샐리, 플리-(ㅈ)

💬 지금 통화 괜찮으세요?

Can you talk right now?
캔 유 터억 라잇 나우
Is this a good time to talk?
이즈 디스 어 굿 타임 투 터억

💬 바쁘신데 제가 전화한 건가요?

Is this a bad time?
이즈 디스 어 뱃 타임
Am I calling at a bad time?
앰 아이 커-링 앳 어 뱃 타임
Did I catch you at a bad time?
디 다이 캣취 유 앳 어 뱃 타임

💬 늦게 전화 드려서 죄송합니다.

I'm sorry for calling this late.
아임 서-리 퍼 커-링 디스 레이(트)

💬 프로젝트 때문에 전화 드렸습니다.

I'm calling about the project.
아임 커-링 어바웃 더 프로젝(트)

💬 내일 회의 확인하려고 전화했어요.

I'm calling to confirm the meeting for tomorrow.
아임 커-링 투 컨퍼엄 더 미-팅 퍼 터머-로우

💬 전화하셨다고 해서 전화 드렸는데요.

I'm returning your call.
아임 리터-닝 유어 커얼

💬 제 주문에 관해 알렉스 씨와 통화하려고 하는데요.

I'm trying to reach Mr. Alex regarding my order.
아임 츠라잉 투 리-취 미스터 알렉(ㅅ) 리가-딩 마이 어-더

💬 인사부 아무나 바꿔 주시겠습니까?

May I speak with someone in the Personnel Department?
메이 아이 스피익 윗 섬원 인 더 퍼-스널 디파-먼(ㅌ)

전화를 받을 때

💬 죄송하지만 전화 좀 받을게요.

Sorry, I should take this.
서-리, 아이 슈(ㄷ) 테익 디스

💬 누구신가요?

Can I ask who's calling?
캔 아이 애슥 후(ㅈ) 커-링
Who's calling, please?
후(ㅈ) 커-링, 플리-(ㅈ)

💬 무슨 일 때문이죠?

May I ask what this is about?
메이 아이 애슥 왓 디스 이즈 어바웃
May I ask what this is regarding?
메이 아이 애슥 왓 디스 이즈 리가-딩
What is this in regard to?
왓 이즈 디스 인 리가-(드) 투

💬 어느 분을 찾으십니까?

Who would you like to speak to?
후 우 쥬 라익 투 스피익 투

💬 누구를 바꿔 드릴까요?

Who do you wish to speak to?
후 두 유 위쉬 투 스피익 투

💬 전데요.

That's [It's] me.
댓(ㅊ) [잇(ㅊ)] 미
Speaking.
스피-킹

💬 좀 더 크게 말해 줄래요?

Could you speak a little bit louder?
쿠 쥬 스피익 어 리들 빗 라우더
Could you speak up a little?
쿠 쥬 스피익 업 어 리들

💬 좀 작게 말해 줄래요?

Could you lower your voice a little bit?
쿠 쥬 로워 유어 보이 서 리들 빗

💬 좀 천천히 말씀해 주시겠어요?

Could you speak more slowly?
쿠 쥬 스피익 머- 슬로울리

💬 다시 한번 말씀해 주시겠어요?

I beg your pardon?
아이 벡 유어 파-든

💬 안녕하세요. AB 사입니다.

Hello. This is AB Company.
헬로우. 디스 이즈 에이비- 컴패니

💬 안녕하세요. AB 사 영업부의 사무엘입니다.

Hello. AB Company, the sales department, Samuel speaking.
헬로우. 에이비- 컴패니, 더 세일(ㅈ) 디파-먼(ㅌ), 새뮤얼 스피-킹

Hello. AB Company, this is Samuel from the sales department.
헬로우. 에이비- 컴패니, 디스 이즈 새뮤얼 프럼 더 세일(ㅈ) 디파-먼(ㅌ)

💬 AB 센터로 전화 주셔서 감사합니다. 무엇을 도와드릴까요?

Thank you for calling AB Center. May I help you?
쌩 큐 퍼 커-링 에이비- 센터. 메이 아이 헬 퓨

💬 여보세요. 제니 씨의 전화입니다.

Hello. This is Ms. Jenny's phone.
헬로우. 디스 이즈 미(ㅈ) 제니(ㅅ) 포운

전화를 바꿔줄 때

💬 잠시만요.

Just a minute[second], please.
저슷 어 미닛 [세컨(ㄷ)], 플리-(ㅈ)

💬 잠시만 기다리세요.

Hold on, please.
호울 던, 플리-(ㅈ)

💬 어떤 분을 바꿔 드릴까요?

How may I direct your call?
하우 메이 아이 디렉 츄어 커얼

💬 연결해 드리겠습니다.

I'll put you through.
아일 풋 유 쓰루-
I'll transfer your call.
아일 츠랜스퍼 유어 커얼
I'll connect you.
아일 커넥 츄

💬 네 전화야.

It's for you.
잇(ㅊ) 퍼 유
There's a call for you.
데어 서 커얼 퍼 유

💬 기다리세요, 바꿔 드릴게요.

Hold on and I'll get him.
호울 던 앤(ㄷ) 아일 겟 힘
Please hold while I put you through to him.
플리-(ㅈ) 호울(ㄷ) 와일 아이 풋 유 쓰루- 투 힘
Hold the line, I'll connect you with him.
호울(ㄷ) 더 라인, 아일 커넥 츄 윗 힘

💬 잠시만 기다려 주세요. 전화를 마케팅부로 돌려 드리겠습니다.

Hold the line a moment. I'll transfer your call to the marketing department.
호울(ㄷ) 더 라인 어 모우먼(ㅌ). 아일 츠랜스퍼 유어 커얼 투 더 마-키팅 디파-먼(ㅌ)

💬 마이클 씨의 내선번호는 355번입니다.

Mr. Michael can be reached at ext. 355.
미스터 마이클 캔 비- 리-취 탯 익스텐션
쓰리- 파이(ㅂ) 파이(ㅂ)

다시 전화한다고 할 때

💬 내가 나중에 전화할게.

I'll get back to you later.
아일 겟 백 투 유 레이터

💬 제가 다시 전화 드릴까요?

Can I call you back?
캔 아이 커얼 유 백
Would you mind if I call you back?
우 쥬 마인(ㄷ) 이(ㅍ) 아이 커얼 유 백

💬 제가 잠시 후에 다시 전화 드리겠습니다.

I'll get in touch with you soon.
아일 겟 인 터취 윗 유 수운
I'll return your call as soon as I can.
아일 리터언 유어 커얼 애(ㅈ) 수운 애 자이 캔
I'll get back to you soon.
아일 겟 백 투 유 수운

💬 10분 후에 다시 전화해 주세요.

Please call me back in 10 minutes.
플리-(ㅈ) 커얼 미 백 인 텐 미닛(ㅊ)
Could you call me back 10 minutes later?
쿠 쥬 커얼 미 백 텐 미닛(ㅊ) 레이터

전화를 받을 수 없을 때

💬 통화 중입니다.

I'm afraid he's on another line.
아임 어(ㅍ)레잇 히즈 언 어나더 라인
The line is busy.
더 라인 이즈 비지

💬 그는 지금 없는데요.

He's not in right now.
히(ㅈ) 낫 인 라잇 나우

💬 죄송합니다만, 그는 방금 나가셨습니다.

I'm sorry, but he has just stepped out.
아임 서-리, 벗 히 해즈 저숫 스텝 타웃

💬 다른 전화가 와서요.

I've got a call coming in.
아이(ㅂ) 갓 어 커얼 커밍 인

💬 내가 지금 뭐 하는 중이라.

I'm in the middle of something.
아임 인 더 미들 어(ㅂ) 섬씽

💬 오래 통화할 수 없어요.

I can't talk with you for long.
아이 캔(ㅌ) 터억 윗 유 퍼 러엉

💬 전화 오면 나 없다고 해.

If anyone calls, I'm not here.
이 패니원 커얼(ㅅ), 아임 낫 히어

통화 상태가 안 좋을 때

💬 소리가 끊기는데.

Your voice is breaking up.
유어 버이 시즈 브레이킹 업
You're breaking up.
유어 브레이킹 업

💬 전화가 계속 끊기네요.

We keep getting cut off.
위 키입 게딩 컷 어-(프)

💬 전화가 끊기는 것 같은데요.

I'm afraid I am losing you.
아임 어(프)레잇 아이 엠 루징 유

💬 잘 안 들려요.

I can barely hear you.
아이 캔 배어리 히어 유
I'm losing you.
아임 루징 유

전화 메시지

💬 메시지를 남기시겠어요?

Can I take a message?
캔 아이 테익 어 메시-쥐
Would you like to leave a message?
우 쥬 라익 투 리- 버 메시-쥐
What would you like me to tell him?
왓 우 쥬 라익 미 투 텔 힘

💬 제니퍼가 전화했었다고 전해 주세요.

Tell him [her] that Jennifer called.
텔 힘 [허] 댓 제니퍼 커얼(ㄷ)

💬 전화하라고 전해 주세요.

Tell him [her] to call me.
텔 힘 [허] 투 커얼 미
Could you have him [her] call me?
쿠 쥬 해(ㅂ) 힘 [허] 커얼 미
Could you tell him [her] to call me back?
쿠 쥬 텔 힘 [허] 투 커얼 미 백
Would you ask him [her] to call me back?
우 쥬 애슥 힘 [허] 투 커얼 미 백

💬 1234-5678로 전화하라고 전해 주세요.

Ask him [her] to call me at 1234-5678.
애슥 힘 [허] 투 커얼 미 앳 원 투- 쓰리- 퍼-
파이(ㅂ) 식(ㅅ) 세븐 에잇

💬 그냥 제가 전화했다고 그에게 전해 주세요.

Just tell him that I called.
저슷 텔 힘 댓 아이 커얼(ㄷ)

잘못 걸려 온 전화

💬 전화 잘못 거셨어요.

You have the wrong number.
유 해(ㅂ) 더 러엉 넘버
You must have dialed the wrong number.
유 머슷 해(ㅂ) 다이얼(ㄷ) 더 러엉 넘버
You must have looked up the wrong number.
유 머슷 해(ㅂ) 룩 텁 더 러엉 넘버
I think you've got the wrong number.
아이 씽 큐(ㅂ) 갓 더 러엉 넘버

💬 그런 분 안 계십니다.

There's no one here by that name.
데어(ㅅ) 노우 원 히어 바이 댓 네임

💬 몇 번에 거셨어요?

What number did you want [dial]?
왓 넘버 디 쥬 원(ㅌ) [다이얼]

💬 전화번호를 다시 한번 확인해 보세요.

You should double-check the number.
유 슈(ㄷ) 더블 첵 더 넘버

💬 제가 전화를 잘못 걸었습니다.

I must have the wrong number.
아이 머슷 해(ㅂ) 더 러엉 넘버

전화를 끊을 때

💬 몇 번으로 전화 드려야 하죠?

What number can I reach you at?
왓 넘버 캔 아이 리-취 유 앳

💬 곧 다시 통화하자.

Talk to you soon.
터억 투 유 수운

💬 전화해 줘서 고마워요.

Thank you for calling.
쌩 큐 퍼 커-링

💬 그만 끊어야겠어요.

Well, I have to go.
웰, 아이 해(ㅂ) 투 고우
I have to get off the line now.
아이 해(ㅂ) 투 겟 어-(ㅍ) 더 라인 나우

💬 연락하는 거 잊지 마.

Don't forget to drop me a line.
도운(ㅌ) 퍼겟 투 드랍 미 어 라인

💬 언제든 내게 연락해.

Please feel free to drop me a line.
플리-(ㅈ) 피일 프리- 투 드랍 미 어 라인

전화 기타

💬 전화 좀 받아 주세요.

Please answer the phone.
플리-(ㅈ) 앤서 더 포운
Would you get that phone?
우 쥬 겟 댓 포운

💬 전화는 제가 받을게요.

I'll answer it.
아일 앤서 잇
I'll cover the phones.
아일 커버 더 포운(ㅅ)

💬 전화를 안 받는데요.

There's no answer.
데어(ㅅ) 노우 앤서

💬 통화 좀 간단히 할래요?

Can you please make that brief?
캔 유 플리-(ㅈ) 메익 댓 브리-(ㅍ)

💬 공중전화는 어디 있어요?

Can you tell me where the pay telephone is?
캔 유 텔 미 웨어 더 페이 텔러포운 이즈

💬 전화번호부 있어요?

Do you have a telephone directory?
두 유 해 버 텔레포운 디렉터리

💬 수신자 부담 전화를 걸려고요.

I'd like to make a collect call.
아이(ㄷ) 라익 투 메익 어 칼렉(ㅌ) 커얼

Chapter 02
무슨 말을 꺼낼까?

Unit 1 하루 생활
Unit 2 집
Unit 3 운전&교통
Unit 4 이사

Unit 1 하루 생활

일어나기

💬 일어날 시간이야!

It's time to get up!
잇(ㅊ) 타임 투 겟 업

💬 일어났어?

Are you awake?
아- 유 어웨익

💬 막 일어났어요.

I just woke up.
아이 저슷 워욱 업

💬 일어나, 늦겠어.

Get up now, or you'll be late.
겟 업 나우, 어- 유일 비- 레잇

💬 이런, 늦잠을 잤네.

Oh no, I overslept.
오우 노우, 아이 오우버슬렙(ㅌ)

💬 왜 안 깨웠어요?

Why didn't you wake me up?
와이 디든 츄 웨익 미 업

💬 나 때문에 깬 거야?

Did I wake you up?
디 다이 웨익 유 업

💬 어제 밤을 새웠어.

I stayed up all night.
아이 스테이 텁 어얼 나잇

💬 내일 아침에 일찍 깨워 주세요.

Please wake me up early tomorrow morning.
플리-(ㅈ) 웨익 미 업 어-리 터머-로우 머-닝

💬 전 아침 일찍 일어나요.

I wake up early in the morning.
아이 웨익 업 어-리 인 더 머-닝

💬 난 아침형 인간이야.

I'm a morning person.
아임 어 머-닝 퍼-슨

91

💬 난 보통 아침 6시면 일어나.

I usually wake up at 6 o'clock in the morning.
아이 유쥬얼리 웨익 업 앳 식(ㅅ) 어클락 인 더 머-닝

💬 나는 알람 소리에 잠이 깬다.

I wake up to the sound of my alarm.
아이 웨익 업 투 더 사운 더(ㅂ) 마이 알라암

💬 알람을 맞춰 놨는데 일어나지 못했어요.

I set an alarm but I didn't wake up.
아이 셋 언 알라암 벗 아이 디든(ㅌ) 웨익 업

💬 가끔은 아침에 일어나는 게 힘들어요.

I sometimes have trouble waking up in the morning.
아이 섬타임(ㅈ) 해(ㅂ) 츠러블 웨이킹 업 인 더 머-닝

💬 전 아침에 일어나려면 모닝콜이 필요해요.

I need to receive a wake-up call in the morning.
아이 니잇 투 리시- 버 웨익 업 커얼 인 더 머-닝

씻기

💬 손부터 씻어야지.

Wash your hands first.
워쉬 유어 핸(ㅈ) 퍼-슷

💬 잠을 깨려면 세수를 해야겠어.

I need to wash my face to wake up.
아이 니잇 투 워쉬 마이 페이(ㅅ) 투 웨익 업

💬 오늘 아침엔 머리 감을 시간이 없네.

I don't have time to shampoo this morning.
아이 도운(ㅌ) 해(ㅂ) 타임 투 샘푸- 디스 머-닝

💬 매일 아침 조깅하고 난 후 샤워를 해요.

I take a shower after jogging every morning.
아이 테익 어 샤워 애(ㅍ)터 자깅 에브리 머-닝

💬 저는 매일 아침 머리를 감는 것을 습관으로 하고 있어요.

I make it a rule to shampoo my hair every morning.
아이 메익 잇 어 루울 투 샘푸- 마이 헤어 에브리 머-닝

💬 그는 서둘러 샤워를 하고 있었다.

He was taking a hurried shower.
히 워즈 테이킹 어 허릿 샤워

식사

💬 아침 식사 다 됐어요!

Breakfast is ready!
브렉퍼숫 이즈 레디

💬 난 아침 식사를 절대로 거르지 않아.

I never skip breakfast.
아이 네버 스킵 브렉퍼숫

💬 오늘은 아침을 먹을 기분이 아니야.

I don't feel like having breakfast this morning.
아이 도운(ㅌ) 피일 라익 해빙 브렉퍼숫 디스 머-닝

💬 그렇게 음식을 가리면 안 돼.

Don't be so choosy about food.
도운(ㅌ) 비- 소우- 추-지 어바웃 푸웃

💬 남기지 말고 다 먹어.

Finish up your plate.
피니쉬 업 유어 플레잇

💬 밥 더 줄까?

Do you want some more rice?
두 유 원(ㅌ) 섬 머- 라이(ㅅ)

💬 다 먹었어?

Have you finished?
해 뷰 피니쉬(ㅌ)

💬 숙취가 심해요. 해장국 좀 끓여 줄래요?

I have a terrible hangover. Can you make something to cure a hangover?
아이 해 버 테러블 행오우버. 캔 유 메익 섬씽 투 큐어 어 행오우버

옷 입기 & 화장하기

💬 오늘은 뭘 입지?

What should I wear today?
왓 슈 다이 웨어 터데이

💬 어떤 넥타이를 매지?

Which tie should I wear?
위취 타이 슈 다이 웨어

💬 화장을 해야 해.

I need to put on make-up.
아이 니잇 투 풋 언 메익 업

💬 오늘은 머리부터 발끝까지 까만 옷으로 입었어.

I'm dressed in black from tip to toe.
아임 드레(ㅅ) 틴 블랙 프럼 팁 투 토우

💬 넌 아침에 거울 앞에서 보내는 시간이 너무 길어.

You take forever in front of the mirror in the morning.

유 테익 퍼에버 인 프런 터(ㅂ) 더 미러 인 더 머-닝

💬 그녀는 화장하는 데 보통 1시간이 걸려요.

She usually spends an hour doing her face.

쉬 유쥬얼리 스펜 전 아워 두잉 허 페이(ㅅ)

💬 우산을 가져가야 할까?

Should I take my umbrella?

슈 다이 테익 마이 엄브렐러

TV 보기

💬 오늘 밤 TV에서 뭐 하지?

What's on TV tonight?

왓 천 티-비- 터나잇

💬 CNN 채널에선 뭐 하지?

What's on the CNN channel?

왓 천 더 씨-엔엔 채널

💬 뭐 좋은 TV 프로그램 있어요?

Are there any good programs on TV?
아- 데어 애니 굿 프로우그램 언 티-비-
Is there anything good on?
이즈 데어 애니씽 굿 언

💬 채널 좀 바꾸자.

Let's change the channel.
렛(ㅊ) 체인쥐 더 채널

💬 채널 좀 그만 돌려.

Stop flipping channels.
스탑 플립핑 채널(ㅅ)

💬 리모컨 좀 갖다주세요.

Hand me the remote control, please.
핸(ㄷ) 미 더 리모웃 컨츠로울, 플리-(ㅈ)

💬 TV 볼륨 좀 줄여.

Please turn down the TV.
플리-(ㅈ) 터언 다운 더 티-비-
Turn it down, please.
터언 잇 다운, 플리-(ㅈ)

💬 이제 TV를 꺼라.

Turn off the TV now.
터언 어-(ㅍ) 더 티-비- 나우

잠자리 들기

💬 잠자리에 들 시간이야.

It's time to go to bed.
잇(ㅊ) 타임 투 고우 투 벳

💬 난 이제 자러 갈게.

I'm gonna go to bed now.
아임 거너 고우 투 벳 나우
I'm gonna hit the sack.
아임 거너 힛 더 색

💬 잠자리를 준비할까요?

May I make your bed now?
메이 아이 메익 유어 벳 나우

💬 애들 좀 재워 줄래요?

Will you put the kids to bed?
윌 유 풋 더 키(ㅈ) 투 벳

💬 아직 안 자니? 곧 자정이야.

Are you still up? It's almost midnight.
아- 유 스틸 업? 잇(ㅊ) 어얼모우슷 밋나잇

💬 불 좀 꺼 줄래요?

Will you turn off the light?
윌 유 터언 어-(ㅍ) 더 라잇

💬 어제는 일찍 잠자리에 들었어요.

I sought my bed early last night.
아이 서엇 마이 벳 어-리 래슷 나잇
I went straight to bed yesterday.
아이 웬(ㅌ) 스츠레잇 투 벳 예스터데이

💬 그는 슬슬 잠이 들어 버렸다.

He drifted off to sleep.
히 드립팃 어-(ㅍ) 투 슬리입

잠버릇

💬 남편은 잠버릇이 나빠요.

My husband has a bad sleeping habit.
마이 허즈번(ㄷ) 해즈 어 뱃 슬리-핑 해빗

My husband is an untidy sleeper.
마이 허즈번 디즈 언 언타이디 슬리-퍼

💬 아내는 자면서 자꾸 뒤척여요.

My wife tosses a lot in her sleep.
마이 와이(ㅍ) 터-시 저 랏 인 허 슬리입

💬 그는 밤새도록 코를 골아요.

He snores away the whole night.
히 스노우어 저웨이 더 호올 나잇

💬 넌 간밤에 코를 엄청 골았어.

You snored like a bulldog last night.
유 스노우어(ㄷ) 라익 어 불독 래숫 나잇

💬 그는 잠자리에 들자마자 코를 골기 시작했다.

He fell to snoring as soon as he went to bed.
히 펠 투 스노우어링 애(ㅈ) 수운 애(ㅈ) 히 웬(ㅌ) 투 벳

💬 에이미는 잠꼬대하는 버릇이 있어요.

Amy is a sleep talker.
에이미 이즈 어 슬리입 터-커

💬 저는 가끔 잠꼬대를 해요.

I sometimes talk in my sleep.
아이 섬타임(스) 터억 인 마이 슬리입

💬 그는 잘 때 이를 갈아요.

He grinds his teeth in bed.
히 그라인(스) 히스 티-쓰 인 벳

숙면

💬 지난밤에는 푹 잤어요.

I slept well last night.
아이 슬렙(트) 웰 래슷 나잇
I had a good night.
아이 햇 어 굿 나잇
I slept like a log.
아이 슬렙(트) 라익 어 러억

💬 나는 잠을 잘 못 자요.

I am a bad sleeper.
아이 엠 어 뱃 슬리-퍼
I am a light sleeper.
아이 엠 어 라잇 슬리-퍼

I have problems sleeping.
아이 해(ㅂ) 프라블럼(ㅅ) 슬리-핑

💬 잠을 잘 못 잤어요?

Did you sleep wrong?
디 쥬 슬리입 러엉

💬 요새 잠을 잘 못 자고 있어요.

I haven't been getting much sleep lately.
아이 해븐 빈 게딩 머춰 슬리입 레잇리

💬 그가 코를 고는 바람에 잠을 잘 수 없었어요.

I couldn't sleep as he blew like a grampus.
아이 쿠든(ㅌ) 슬리입 애(ㅈ) 히 블루- 라익 어 그램퍼(ㅅ)

💬 피로를 푸는 가장 좋은 방법은 숙면이죠.

The best way to recover from your fatigue is to sleep well.
더 베슷 웨이 투 리커버 프럼 유어 퍼티그 이즈 투 슬리입 웰

꿈

💬 잘 자! / 좋은 꿈 꿔!

Sweet dreams!
스위잇 드리임(ㅅ)

💬 난 가끔 그의 꿈을 꾸지.

I dream of him from time to time.
아이 드리임 어(ㅂ) 힘 프럼 타임 투 타임

💬 어제 이상한 꿈을 꿨어.

I had a strange dream last night.
아이 햇 어 스츠레인쥐 드리임 래슷 나잇

💬 악몽을 꿨다.

I had a bad dream.
아이 햇 어 뱃 드리임
I had a nightmare.
아이 햇 어 나잇매어

💬 그는 가끔 악몽에 시달린다.

From time to time, he is oppressed by a nightmare.
프럼 타임 투 타임, 히 이즈 어프레슷 바이 어 나잇매어

He sometimes suffers from nightmares.
히 섬타임(ㅅ) 서퍼(ㅅ) 프럼 나잇매어(ㅅ)

💬 악몽을 꿨기 때문에 다시 잠자리에 들 수가 없었어.

I had a nightmare, so I couldn't get back to sleep.
아이 헷 어 나잇매어, 소우- 아이 쿠든(ㅌ) 겟 백 투 슬리입

💬 당신은 꿈을 흑백으로 꾸나요, 칼라로 꾸나요?

Do you dream in black and white or in color?
두 유 드리임 인 블랙 앤(ㄷ) 와잇 어 인 컬러

Unit 2 집

화장실 사용

💬 화장실이 어디죠?

Where is the restroom?
웨어 이즈 더 레슷루움

Where is the bathroom?
웨어 이즈 더 배쓰루움

Where can I find the toilet?
웨어 캔 아이 파인(드) 더 터일럿

💬 화장실 좀 다녀올게.

I'm going to hit the washroom.
아임 고우잉 투 힛 더 워쉬루움

Let me wash my hands.
렛 미 워쉬 마이 핸(즈)

I'll go and powder my nose.
아일 고우 앤(드) 파우더 마이 노우(즈)

Nature is calling me.
네이쳐 이즈 커-링 미

💬 화장실에 잠시 들렀어요.

I made a quick toilet stop.
아이 메잇 어 쿠익 터일럿 스탑

💬 화장실에 누가 있어.

Someone is in the bathroom.
섬원 이즈 인 더 배쓰루움

💬 변기가 막혔어요.

The toilet bowl is clogged.
더 터일럿 보울 이즈 클럭(ㅌ)

💬 화장실 배수관이 막혔어요.

The bathroom drain is clogged.
더 배쓰루움 드레인 이즈 클럭(ㅌ)
The toilet doesn't flush properly.
더 터일럿 더즌(ㅌ) 플러쉬 프라퍼-리

💬 세면대가 안 잠기네요.

The sink won't turn off.
더 싱(ㅋ) 워운(ㅌ) 터언 어-(ㅍ)

화장실 에티켓

💬 변기 물 내리는 거 잊지 마.

Don't forget to flush the toilet.
도운(ㅌ) 퍼겟 투 플러쉬 더 터일럿

107

💬 변기에 토하지 마세요.

Don't talk on the big white phone.
도운(ㅌ) 터억 언 더 빅 와잇 포운

💬 사용한 휴지는 휴지통에 넣어 주세요.

Please put used papers into the trashcan.
플리-(ㅈ) 풋 유-즛 페이퍼(ㅅ) 인투 더 츠래쉬캔

💬 휴지는 휴지통에.

Trash to trashcan.
츠래쉬 투 츠래쉬캔

💬 이물질을 변기에 버리지 마시오.

Don't throw waste in toilets.
도운(ㅌ) 쓰로우 웨이슷 인 터일럿(ㅊ)

💬 화장지를 아껴 씁시다.

Save the toilet paper.
세이(ㅂ) 더 터일럿 페이퍼

💬 바닥에 침을 뱉지 마시오.

Don't spit on the floor.
도운(ㅌ) 스핏 언 더 플러-

💬 바닥에 담배꽁초를 버리지 마시오.

Don't throw away a cigarette butt on the floor.

도운(트) 쓰로우 어웨이 어 시거렛 벗 언 더 플러-

소변 & 대변

💬 그는 화장실에서 소변을 보았다.

He had a splash in the restroom.

히 햇 어 스플래쉬 인 더 레슷루움

💬 소변보러 다녀와야겠어요.

I have to go and pee.

아이 해(ㅂ) 투 고우 앤(ㄷ) 피-

💬 소변 금지!

Commit no nuisance!

커밋 노우 뉴선(ㅅ)

💬 화장실에서 대변을 보았다.

I pinched a loaf at the restroom.

아이 핀취 터 로웁 앳 더 레슷루움

💬 그는 대변보러 화장실에 갔다.

He went to the restroom to post a letter.
히 웬(ㅌ) 투 더 레슷루움 투 포우슷 어 레더

💬 3일 동안 변을 보지 못했어요.

I haven't had a bowel movement for 3 days.
아이 해븐(ㅌ) 햇 어 바월 무(ㅂ)먼(ㅌ) 퍼 쓰리- 데이(ㅈ)

💬 대변이 마려워요.

I have a bowel movement.
아이 해 버 바월 무(ㅂ)먼(ㅌ)
I have to take a shit.
아이 해(ㅂ) 투 테익 어 쉿

욕실 사용

💬 난 매일 샤워를 해요.

I take a shower every day.
아이 테익 어 샤워 에브리 데이

💬 욕실을 좀 써도 될까요?

May I use your bathroom?
메이 아이 유(ㅈ) 유어 배쓰루움

💬 아침에는 머리 감을 시간이 없어서 주로 저녁에 감아요.

I usually wash my hair in the evening because I don't have time in the morning.
아이 유쥬얼리 워쉬 마이 헤어 인 디 이-브닝
비커-(ㅈ) 아이 도운(ㅌ) 해(ㅂ) 타임 인 더 머-닝

💬 샤워 후에 목욕탕을 청소하세요.

Please clean the bathroom after you finish taking a shower.
플리-(ㅈ) 클리인 더 배쓰루움 애(ㅍ)터 유 피니쉬
테이킹 어 샤워

💬 넌 샤워하는데 시간이 너무 많이 걸려.

You make a long business of having a shower.
유 메익 어 러엉 비즈니(ㅅ) 어(ㅂ) 해빙 어 샤워

111

💬 욕실 배수관이 고장 났어요.

The bathroom drain doesn't work.
더 배쓰루움 드레인 더즌(ㅌ) 워-(ㅋ)

💬 공중목욕탕에 가 본 적 있어요?

Have you ever been to a public bath in Korea?
해 뷰 에버 빈 투 어 퍼블릭 배쓰 인 커리-아

거실 생활

💬 저녁 식사 후에 우리 가족은 거실에서 커피를 마셔요.

After dinner all my family have coffee in the salon.
애(ㅍ)터 디너 어얼 마이 패밀리 해(ㅂ) 커-피 인 더 서랑

💬 저녁이면 우리 가족은 거실에 모여 앉아 단란한 한때를 갖곤 했었죠.

In the evening, all my family used to sit in the living room enjoying each other's company.
인 디 이-브닝, 어얼 마이 패멀리 유즛 투 싯 인 더 리빙 루움 인조잉 이-취 어더(ㅅ) 컴패니

💬 그는 거실에서 빈둥거리고 있어요.

He just lounges around in the living room.
히 저슷 라운쥐 어라운 딘 더 리빙 루움

💬 거실이 좀 더 넓으면 좋겠어요.

I need a more spacious living room.
아이 니잇 어 머- 스패셔(ㅅ) 리빙 루움

💬 거실에는 TV가 있어요.

There is a TV in the living room.
데어 이즈 어 티-비- 인 더 리빙 루움

💬 우리 집 거실은 너무 혼잡해.

Our living room is too crowded.
아워 리빙 루움 이즈 투- 크라우딧

💬 거실 전체를 다시 꾸며야겠어요.

We need to redo the entire living room.
위 니잇 투 리두 디 인타이어 리빙 루움

홈시어터

💬 집에 홈시어터를 설치해서 영화를 볼 거예요.

I'm going to set up the home theater at home for watching movies.
아임 고우잉 투 셋 업 더 호움 씨-어터 앳 호움 퍼 왓칭 무-비(ㅈ)

💬 최근 거실에 홈시어터를 설치했어요.

I have just built a home theater in my living room.
아이 해(ㅂ) 저슷 빌 터 호움 씨-어터 인 마이 리빙 루움

💬 저는 소니 사의 홈시어터를 가지고 있어요.

I have a Sony AV system.
아이 해 버 소니 에이비- 시스틈

💬 홈시어터란 개인이 집에서 영화관 수준의 비디오 및 오디오를 즐길 수 있는 한 가정용 엔터테인먼트 설비입니다.

A home theater is a home entertainment set-up that seeks to reproduce a movie theater video and audio feeling in a private home.
어 호움 씨-어터 이즈 어 호움 엔터테인먼(ㅌ) 셋 업 댓 식(ㅅ) 투 리프로듀 서 무-비 씨-어터 비디오우 앤(ㄷ) 어-디오우 피-링 인 어 프라이빗 호움

💬 홈시어터는 큰 화면의 TV와 DVD 플레이어, 그리고 여러 대의 스피커로 구성됩니다.

A home entertainment system consists of a large-screen television, DVD player and several speakers.
어 호움 엔터테인먼(ㅌ) 시스틈 컨시숫 처 버 라-쥐 스크리인 텔리비전, 디-비-디- 플레이어 앤(ㄷ) 세버럴 스피-커(ㅅ)

부엌용품

💬 이 아파트의 부엌은 모든 설비가 갖춰져 있어요.

The kitchen in this apartment is fully equipped.

더 키친 인 디스 아파-(트)먼(트) 이즈 풀리 이쿠입(트)

💬 냄비가 찬장에 가지런히 놓여 있어요.

The pans are arranged neatly in the cupboard.

더 팬 사- 어랜쥐(드) 니잇리 인 더 컵버-(드)

💬 프라이팬은 크기별로 정리되어 있어요.

The frying pans are arranged by size.

더 프라잉 팬 사- 어랜쥐(드) 바이 사이(즈)

💬 그것들은 토기 그릇이에요.

Those vessels are made of earth.

도우즈 베슬 사- 메잇 어 버-쓰

💬 이 그릇들을 조심해서 다뤄야 해요.

You should handle those bowls with care.

유 슈(드) 핸들 도우즈 보울(ㅅ) 윗 캐어

💬 프라이팬은 오래 쓸수록 길들여져서 쓰기 좋아요.

The longer you use a frying pan, the better it becomes for cooking.
더 러엉거 유 유 저 프라잉 팬, 더 베더 잇 비컴(ㅅ) 퍼 쿠킹

💬 부엌 개수대에서 바닥으로 물이 새는데요.

The kitchen sink leaks water onto the floor.
더 키친 싱(ㅋ) 리익(ㅅ) 워-터 안터 더 플러-

냉장고

💬 남은 음식은 냉장고에 넣어 둘게요.

I'll put the leftovers in the fridge.
아일 풋 더 레픗오우버 신 더 프리쥐

💬 냉장고가 열려 있잖니. 문 좀 닫아 줄래?

The refrigerator is open. Close the door, please.
더 리프리저레이터 이즈 오우펀. 클로우(ㅈ) 더 더-, 플리-(ㅈ)

💬 우리 집 냉장고에는 인스턴트 식품으로 가득 차 있어요.

My refrigerator is full of junk food.
마이 리프리저레이터 이즈 풀 어(ㅂ) 정(ㅋ) 푸웃

💬 부엌에 큰 냉장고를 넣을 공간이 없어요.

There is no space in the kitchen to put a bigger refrigerator.
데어 이즈 노우 스페이 신 더 키친 투 풋 어 비거 리프리저레이터

💬 이 냉장고는 용량이 어떻게 되나요?

What's the volume of this refrigerator?
왓(ㅊ) 더 발륨 어(ㅂ) 디스 리프리저레이터

💬 우리 집 냉장고의 용량은 약 700ℓ예요.

This refrigerator's capacity is about 700L.
디스 리프리저레이터(ㅅ) 커패시티 이즈 어바웃 세븐 헌드레(ㅈ) 리터(ㅅ)

💬 냉장고에 문제가 생겨서 냉동실 얼음이 녹고 있어요.

Since there's something wrong with the refrigerator, ice in the freezer is melting.

신(ㅅ) 데어(ㅈ) 섬씽 러엉 윗 더 리프리저레이터, 아이 신 더 프리-저 이즈 멜팅

전자 & 가스레인지

💬 전자레인지는 현대인의 주방 필수품이 되었어요.

A microwave became the necessities of modern kitchen life.

어 마이크로웨이(ㅂ) 비케임 더 네세시티 저(ㅂ) 마던 키친 라이(ㅍ)

💬 전자레인지는 음식을 조리하는 시간을 줄여줍니다.

A microwave can reduce the time to cook.

어 마이크로웨이(ㅂ) 캔 리두(ㅅ) 더 타임 투 쿡

💬 전자레인지에 금속으로 된 그릇을 넣으면 안 돼요.

You shouldn't put the dishes made of metal in the microwave.

유 슈든(ㅌ) 풋 더 디쉬(ㅈ) 메잇 어(ㅂ) 메틀 인 더 마이크로웨이(ㅂ)

💬 전자레인지는 마이크로 파를 이용한 열로 음식을 조리하거나 데우는 데 쓰이는 주방기구입니다.

A microwave oven is a kitchen appliance that cooks or heats food using microwaves.

어 마이크로웨이(ㅂ) 어번 이즈 어 키친 어플라이언(ㅅ) 댓 쿡 서 히잇(ㅊ) 푸웃 유징 마이크로웨이(ㅂㅅ)

💬 사만싸는 가스레인지를 켜고 있었다.

Samantha was turning on her gas stove.

사만싸 워즈 터-닝 언 허 개(ㅅ) 스터(ㅂ)

💬 어린이들이 가스레인지를 사용하는 건 위험해요.

It's dangerous for children to use gas stoves.

잇(ㅊ) 댄저러(ㅅ) 퍼 칠드런 투 유(ㅈ) 개(ㅅ) 스터(ㅂㅅ)

요리 준비

💬 저녁 식사를 준비하는 중이에요.

I'm in the middle of making dinner.
아임 인 더 미들 어(ㅂ) 메이킹 디너

💬 오늘 저녁은 뭐야?

What's for favorite dish?
왓(ㅊ) 퍼 페이버릿 디쉬

💬 배고프다는 불평 좀 그만하렴.

Stop complaining about being hungry.
스탑 컴플레이닝 어바웃 비잉 헝그리

💬 10여 분 후면 저녁이 준비될 거야.

Dinner will be ready in about 10 minutes.
디너 윌 비- 레디 인 어바웃 텐 미닛(ㅊ)

💬 곧 저녁 식사 준비를 시작할게. 그때까지 기다릴 수 있지?

I'll be starting dinner shortly. Can you wait until then?
아일 비- 스타-팅 디너 셔-(ㅌ)리. 캔 유 웨잇 언틸 덴

💬 쉽고 빠르게 준비할 수 있는 요리는 뭔가요?

Which dish is quick and easy to prepare?
위취 디쉬 이즈 쿠익 앤(ㄷ) 이-지 투 프리패어

💬 식탁 차리는 것 좀 도와줄래?

Will you help me prepare the table?
윌 유 헬(ㅍ) 미 프리패어 더 테이블

요리하기

💬 맛있는 냄새 때문에 군침이 도는 걸.

The delicious cooking smell made my mouth water.
더 딜리셔(ㅅ) 쿠킹 스멜 메잇 마이 마우쓰 워-터

💬 네가 좋아하는 걸 만들었어.

I made your favorite.
아이 메잇 유어 페이버릿

💬 저녁으로 불고기를 준비했어요.

I have prepared Bulgogi for dinner.
아이 해(ㅂ) 프리패어(ㄷ) 불고기 퍼 디너

💬 맛은 어때요?

How does it taste?
하우 더즈 잇 테이슷

💬 엄마가 쓰던 요리법을 사용했을 뿐이에요.

I just use my mom's old recipe.
아이 저슷 유(ㅈ) 마이 맘 소울(ㄷ) 레서피

💬 요리법 좀 가르쳐 줄래요?

Would you mind sharing the recipe?
우 쥬 마인(ㄷ) 쉐어링 더 레서피

💬 이 요리법에 나온 대로만 따라 하세요.

Just follow the steps in this recipe.
저슷 팔로우 더 스텝 신 디스 레서피

💬 여러분을 위해 준비한 저녁을 맛있게 드세요.

Please make a feast of the dinner I prepared for you.
플리-(ㅈ) 메익 어 피-슷 어(ㅂ) 더 디너 아이 프리패엇 퍼 유

식사 예절

💬 입에 음식을 넣은 채 말하지 마라.

Don't talk with your mouth full.
도운(ㅌ) 터억 윗 유어 마우쓰 풀

💬 음식을 남기지 말고 다 먹도록 해.

You should clean your plate.
유 슈(ㄷ) 클리인 유어 플레잇

💬 식탁에 팔꿈치를 올리면 안 돼요.

You shouldn't put your elbows on the table.
유 슈든(ㅌ) 풋 유어 엘보우 선 더 테이블

💬 식사를 마치면 포크와 나이프를 접시 위에 놓으세요.

When you finish eating, put your knife and fork on the plate.
웬 유 피니쉬 이-팅, 풋 유어 나이(ㅍ) 앤(ㄷ)
퍼- 컨 더 플레잇

💬 식탁에서 신문 읽는 것 그만두면 안 되겠어요?

Would you stop reading the paper at the table?
우 쥬 스탑 리-딩 더 페이퍼 앳 더 테이블

💬 자리에서 먼저 일어나도 될까요?

May I leave the table?
메이 아이 리-(ㅂ) 더 테이블
May I be excused?
메이 아이 비- 익스큐-즛
Do you mind if I leave the table?
두 유 마인 디(ㅍ) 아이 리-(ㅂ) 더 테이블

설거지

💬 식탁 좀 치워 줄래요?

Would you clear the table?
우 쥬 클리어 더 테이블

💬 그릇을 개수대에 넣어 줘.

Put your dishes in the sink.
풋 유어 디쉬 진 더 싱(ㅋ)

💬 식탁을 치우고 그릇을 식기세척기에 넣어 줄래요?

Could you clear the table and load the dishwasher?
쿠 쥬 클리어 더 테이블 앤(ㄷ) 로웃 더 디쉬워셔

💬 설거지는 내가 할게요.

I'll do the dishes.
아일 두 더 디쉬(ㅈ)

💬 그가 제 대신 설거지를 할 거라고 했어요.

He said that he'd wash up for me.
히 셋 댓 히(ㄷ) 워쉬 업 퍼 미

💬 요리는 당신이 했으니 설거지는 내가 하죠.

I'll do the dishes tonight, since you cooked for me.
아일 두 더 디쉬(ㅈ) 터나잇, 신(ㅅ) 유 쿡(ㅌ) 퍼 미

💬 설거지를 하려고 싱크대에 손을 담갔어요.

I submerged my hands in the sink to wash dishes.
아이 섭머-쥐(ㄷ) 마이 핸 진 더 싱(ㅋ) 투 워쉬 디쉬(ㅈ)

위생

💬 식사 전에 손을 비누로 깨끗이 씻어라.

Wash your hands clean with soap before each meal.

워쉬 유어 핸(ㅈ) 클리인 윗 소웁 비퍼- 이-취 미일

💬 그녀는 집에 돌아오면 항상 손부터 씻는다.

She always washes her hands first as soon as she gets home.

쉬 어얼웨이(ㅈ) 워쉬(ㅈ) 허 핸(ㅈ) 퍼-숫 애(ㅈ) 수운 애(ㅈ) 쉬 겟(ㅊ) 호움

💬 독감 예방을 위해 가장 중요한 것은 외출했다 돌아와서 손을 씻는 거예요.

Most importantly, wash your hands after returning from outdoors to prevent the flu.

모우슷 임퍼-턴(ㅌ)리, 워쉬 유어 핸 재(ㅍ)터 리터-닝 프럼 아웃더-(ㅅ) 투 프리벤(ㅌ) 더 플루-

💬 그들은 위생 관념이 없어요.

They have no sense of hygiene.

데이 해(ㅂ) 노우 센 서(ㅂ) 하이진

💬 그녀는 지나치게 청결에 집착해요.

She has a fetish about neatness.
쉬 해즈 어 페티쉬 어바웃 니잇니(ㅅ)
She is fanatical about being clean.
쉬 이즈 퍼내티컬 어바웃 비잉 클리인

💬 청결이 병을 예방하는 최선책이에요.

Keeping clean is a safeguard against disease.
키-핑 클리인 이즈 어 세이(ㅍ)가- 더게인슷 디지-(ㅈ)

청소

💬 방이 어질러졌네. 좀 치우도록 해.

The room is so messy. Clean it up.
더 루움 이즈 소우- 메시. 클리인 잇 업

💬 청소기를 돌려야겠어.

I have to vacuum.
아이 해(ㅂ) 투 배큐엄

💬 집 청소하는 것 좀 도와줘.

Help me clean the house.
헬(ㅍ) 미 클리인 더 하우(ㅅ)

💬 선반의 먼지 좀 털어 줄래?

Can you dust the shelves?
캔 유 더슷 더 쉘브(ㅈ)

💬 나는 매달 한 번씩 집안 구석구석을 청소한다.

I clean the house from cellar to rafter once a month.
아이 클리인 더 하우(ㅅ) 프럼 셀러 투 래(ㅍ)터 원 서 먼쓰

💬 방 청소는 네 책임이잖아.

You are responsible for the sweeping of the room.
유 아- 리스판서블 퍼 더 스위-핑 어(ㅂ) 더 루움

💬 청소하지 않고도 집이 깨끗해졌으면 좋겠어.

I want my house clean without cleaning it.
아이 원(ㅌ) 마이 하우(ㅅ) 클리인 위다웃 클리-닝 잇

걸레질

💬 내가 청소기를 돌릴 테니 당신은 걸레질을 해 줄래요?

I will vacuum the floor and will you mop it?
아이 윌 배큐엄 더 플러- 앤(ㄷ) 윌 유 맙 잇

💬 이 마룻바닥은 걸레질이 필요하겠는데.

This floor needs scrubbing.
디스 플러- 니-(ㅈ) 스크러빙

💬 엎지른 물을 걸레로 훔쳐냈어.

I wiped up the spilt water with a cloth.
아이 와입 텁 더 스플릿 워터 윗 어 클러-쓰

💬 창문 좀 닦아 줄래요?

Would you scrub the windows?
우 쥬 스크럽 더 윈도우(ㅅ)

💬 아침 내내 욕조를 문질러 닦았다.

All morning I scrubbed the bathtub.
어얼 머-닝 아이 스크럽(ㅌ) 더 배쓰텁

분리수거(쓰레기)

💬 쓰레기통 좀 비우지 그래?

Why don't you take out the garbage?
와이 도운 츄 테익 아웃 더 가-비쥐

💬 쓰레기 좀 버려 줄래요?

Would you take out the garbage?
우 쥬 테익 아웃 더 가-비쥐

💬 어젯밤에 쓰레기 내다 놨어요?

Did you put out the garbage last night?
디 쥬 풋 아웃 더 가-비쥐 래슷 나잇

💬 오늘은 쓰레기 수거일이다.

It's garbage collection day today.
잇(ㅊ) 가-비쥐 컬렉션 데이 터데이

💬 쓰레기는 분리해서 버려야 해요.

You should separate the garbage before you dispose of it.
유 슈(ㄷ) 세퍼레잇 더 가-비쥐 비퍼- 유 디스포우 저 빗

💬 재활용 쓰레기는 어디에 버려야 하나요?

Where should I put the recyclable garbage?
웨어 슈 다이 풋 더 리싸이커블 가-비쥐

💬 쓰레기 더미에서 악취가 나요.

The garbage dump gives off a terrible smell.
더 가-비쥐 덤(ㅍ) 기(ㅂ) 서- 퍼 테러블 스멜

세탁

💬 오늘은 빨래를 해야 해.

I need to do my laundry today.
아이 니잇 투 두 마이 런드리 터데이

💬 빨래가 산더미야.

The laundry has piled up.
더 런드리 해즈 파일 덥

💬 세탁기를 돌려야겠어.

I'll run the washing machine.
아일 런 더 워싱 머신

💬 다림질할 옷이 산더미야.

I have a lot of clothes to iron.
아이 해 버 랏 어(ㅂ) 클로우(ㅈ) 투 아이런

💬 빨래 좀 널어 주세요.

Would you hang the laundry up to dry?
우 쥬 행 더 런드리 업 투 드라이
Please put up the clothes to dry.
플리-(ㅈ) 풋 업 더 클로우(ㅈ) 투 드라이

💬 빨래 좀 개어 줄래요?

Please help me fold up the clothes.
플리-(ㅈ) 헬(ㅍ) 미 포울 덥 더 클로우(ㅈ)

💬 셔츠 좀 다려 줄래요?

Will you iron the shirts?
윌 유 아이런 더 셔-(ㅊ)

💬 양복을 찾으러 세탁소에 가야 한다.

I need to pick up my suit at the cleaner's.
아이 니잇 투 픽 업 마이 수웃 앳 더 클리-너(ㅅ)

집 꾸미기

💬 전 집 꾸미기를 좋아해요.

I like furnishing houses.
아이 라익 퍼니싱 하우지(ㅈ)

💬 인테리어나 가구 디자인에 관심이 많아요.

I'm interested in architecture and the design of furniture.
아임 인터레스티 딘 아-키텍쳐 앤(ㄷ) 더 디자인 어(ㅂ) 퍼니쳐

💬 새집의 인테리어가 마음에 들지 않아요.

I don't like the interior design of my new house.
아이 도운(ㅌ) 라익 디 인테리어 디자인 어(ㅂ) 마이 누- 하우(ㅅ)

💬 인테리어 전문가가 집 전체를 개조했다.

The decorator made over the entire house.
더 데코레이터 메잇 오우버 디 인타이어 하우(ㅅ)

💬 새 커튼은 벽 색깔과 어울리지 않아.

The new curtains do not blend with the color of the wall.

더 누- 커-튼(ㅅ) 두 낫 블렌(ㄷ) 윗 더 컬러 어(ㅂ) 더 월

💬 빌의 집 거실은 화려한 가구로 꾸며져 있어요.

Bill's living room was luxuriously furnished.

빌(ㅅ) 리빙 루움 워즈 럭져리어슬리 퍼니쉬(ㅌ)

Unit 3 운전&교통

운전

💬 어제 운전면허를 땄어요.

I got my driver's license yesterday.
아이 갓 마이 드라이버(ㅅ) 라이센(ㅅ) 예스터데이

💬 난 아직 운전에 익숙하지 않거든요.

I'm not used to driving a car yet.
아임 낫 유즈드 투 드라이빙 어 카- 옛

💬 그는 운전에 아주 능숙해요.

He is an expert in driving a car.
히 이즈 언 엑스퍼- 틴 드라이빙 어 카-

💬 최근에 운전면허를 갱신했어요.

I recently renewed my driver's license.
아이 리센(트)리 리누-(드) 마이 드라이버(ㅅ) 라이센(ㅅ)

💬 내 운전 면허증은 다음 달이 만기예요.

My driver's license expires next month.
마이 드라이버(ㅅ) 라이센(ㅅ) 익스파이어(ㅅ) 넥슷 먼쓰

💬 음주 운전으로 면허를 취소당했어요.

I had my license revoked for drunk driving.
아이 햇 마이 라이센(ㅅ) 리보욱(ㅌ) 퍼 드렁(ㅋ) 드라이빙

💬 넌 운전이 너무 난폭해서 같이 타기 겁나.

You drive so recklessly and it's unnerving just to ride with you.
유 드라이(ㅂ) 소우– 렉리슬리 앤 딧 천너–빙 저숫 투 라이(ㄷ) 윗 유

💬 너무 빠르잖아. 속도 좀 줄여!

You're driving too fast. Slow down!
유어 드라이빙 투– 패숫. 슬로우 다운

💬 조심해! 빨간불이야!

Watch out! It changed to red!
왓취 아웃! 잇 체인쥐(ㄷ) 투 렛!

💬 내가 교대로 운전해 줄까?

Can I take over the wheel?
캔 아이 테익 오우버 더 휘일
May I drive for you?
메이 아이 드라이(ㅂ) 퍼 유

137

💬 안전벨트를 매도록 해.

Fasten your seat belt.
패슨 유어 시잇 벨(트)

💬 에어컨 좀 켜도 될까요?

Would you mind if I turn on the air conditioning?
우 쥬 마인 디(프) 아이 터언 언 디 에어 컨디셔닝

💬 길을 잃은 것 같은데.

We seem to be lost.
위 시임 투 비- 러-슷

💬 좌회전해야 하니 좌측 차선으로 들어가.

Get over in the left lane to turn left.
겟 오우버 인 더 레픗 레인 투 터언 레픗

💬 이 길이 정말 맞는 거야?

Are you sure this is the right road?
아- 유 슈어 디스 이즈 더 라잇 로웃

주차

💬 주차장은 어디에 있나요?

Where is the parking lot?
웨어 이즈 더 파-킹 랏

Where can I park the car?
웨어 캔 아이 파악 더 카-

💬 여기에 주차해도 되나요?

Can I park here?
캔 아이 파악 히어

Is parking available?
이즈 파-킹 어베일러블

💬 건물 뒤에 주차장이 있습니다.

There is a parking lot behind the building.
데어 이즈 어 파-킹 랏 비하인(ㄷ) 더 빌딩

💬 시간당 주차료는 얼마인가요?

How much is it per hour?
하우 머취 이즈 잇 퍼 아워

💬 주차장은 만차입니다.

The lot's full.
더 랏(ㅊ) 풀

💬 저희가 주차해 드리겠습니다.

We'll park for you.
위일 파악 퍼 유

💬 내가 차를 빼 올게.

I'm taking the car out of the lot.
아임 테이킹 더 카- 아웃 어(ㅂ) 더 랏

💬 주차 금지!

No parking here!
노우 파-킹 히어

교통 체증

💬 길이 꽉 막혔어요.

I got caught in traffic.
아이 갓 커엇 인 츠래픽
I got stuck in traffic.
아이 갓 스턱 인 츠래픽

I was held up in traffic.
아이 워즈 헬 덥 인 츠래픽
I was tied up in traffic.
아이 워즈 타이 덥 인 츠래픽

💬 오늘은 교통 체증이 아주 심한데요.

The traffic is really bad today.
더 츠래픽 이즈 리얼리 뱃 터데이

💬 모든 도로가 주차장으로 변해 버렸어요.

All the roads were turned into parking lots.
어얼 더 로우 줘- 터언 딘투 파-킹 랏(ㅊ)

💬 왜 밀리는 거죠?

What's the holdup?
왓(ㅊ) 더 호울덥

💬 앞에서 교통사고가 난 것 같은 데요.

There must be an accident up ahead.
데어 머슷 비- 언 액시던 텁 어헷

💬 이 길은 항상 밀려요.

The traffic on this street is always heavy.
더 츠래픽 언 디스 스츠리잇 이즈 어얼웨이(ㅈ) 헤비

💬 버스가 콩나물 시루 같아요.

The bus is packed.
더 버스 이즈 팩(ㅌ)

교통 위반

💬 오른쪽 길옆으로 차를 세워 주세요.

Pull up to the right.
풀 업 투 더 라잇

💬 운전 면허증 좀 보여 주시겠어요?

May I see your driver's license?
메이 아이 시- 유어 드라이버(ㅅ) 라이센(ㅅ)

💬 운전 면허증하고, 차량 등록증, 자동차 보험증을 보여 주세요.

I'll need to see your driver's license, registration and proof of insurance.
아일 니잇 투 시- 유어 드라이버(ㅅ) 라이센(ㅅ),
레지스츠레이션 앤(ㄷ) 프루- 퍼 빈슈어런(ㅅ)

💬 차에서 내려 주시겠어요?

Step out of the car, please.
스텝 아웃 어(ㅂ) 더 카-, 플리-(ㅈ)

💬 음주 측정기를 부세요.

Please blow into this breathalyzer.
플리-(ㅈ) 블로우 인투 디스 브레썰라이저

💬 정지 신호에서 멈추지 않으셨네요.

You didn't stop for the stop sign.
유 디든(ㅌ) 스탑 퍼 더 스탑 사인
You ignored the red light.
유 익너-(ㄷ) 더 렛 라잇

💬 제한 속도를 위반하셨습니다.

You were driving faster than the limit.
유 워- 드라이빙 패스터 댄 더 리밋

💬 속도위반으로 걸린 적 있습니까?

Have you ever been stopped for speeding?
해 뷰 에버 빈 스탑(ㅌ) 퍼 스피-딩

💬 주차 위반 딱지를 받았습니다.

I got a parking ticket.
아이 갓 어 파-킹 티킷

💬 속도위반 딱지를 끊겠습니다.

I'll issue a speeding ticket.
아일 이슈- 어 스피-딩 티킷

💬 벌금은 얼마인가요?

How much is the fine?
하우 머취 이즈 더 파인
How much shall I charge?
하우 머취 샬 아이 차-쥐

💬 무단 횡단을 하면 안 됩니다.

You shouldn't jaywalk.
유 슈든(ㅌ) 제이웍
Don't run the light.
도운(ㅌ) 런 더 라잇

💬 이 차선은 좌회전 전용입니다.

This lane is left-turns only.

디스 레인 이즈 레픗 터언 소운리

Unit 4 이사

부동산-집 구하기

💬 새 아파트를 구하고 있습니다.

I'm looking for a new apartment.
아임 루킹 퍼 어 누- 아파-트먼(트)

💬 추천해 주실 집이 있나요?

Could you recommend some places?
쿠 쥬 레커멘(드) 섬 플레이시(s)

💬 어느 정도 크기의 집을 찾고 있으세요?

How big a place are you looking for?
하우 빅 어 플레이 사- 유 루킹 퍼

💬 방 두 개짜리 아파트를 원합니다.

I'd like a two-bedroom apartment.
아이(ㄷ) 라익 어 투- 벳루움 아파-트먼(트)

💬 지하철역에서 가까운 집이 있나요?

Do you have a house close to a subway station?
두 유 해 버 하우(s) 클로우(s) 투 어 섭웨이 스테이션

💬 요구에 맞는 좋은 곳이 있습니다.

I had a good one to fill your order.
아이 햇 어 굿 원 투 필 유어 어-더

💬 이 아파트는 방이 몇 개인가요?

How many rooms does this apartment have?
하우 매니 루움(ㅅ) 더즈 디스 아파-트먼(ㅌ) 해(ㅂ)

💬 빌트인에 방 두 개와 욕실이 있습니다.

It has two fully-furnished rooms and a bath.
잇 해즈 투- 풀리 퍼니쉬(ㅌ) 루움 샌 더 배쓰

부동산-조건 보기

💬 전세와 월세 임대가 있어요.

There is a deposit and a monthly rent system.
데어 이즈 어 디파짓 앤 더 먼쓰리 렌(ㅌ) 시스틈

💬 교통은 어떤가요?

What's the transportation like?
왓(ㅊ) 더 츠랜스포테이션 라익

💬 지하철역에서 걸어서 10분 거리입니다.

10 minutes' walk from the subway station.
텐 미닛(ㅊ) 웍 프럼 더 섭웨이 스테이션

💬 몇 층인가요?

What floor is it on?
왓 플러- 이즈 잇 언

💬 임대료는 얼마인가요?

How much is the rent?
하우 머취 이즈 더 렌(ㅌ)

💬 저희 동네는 집세가 아주 비싸요.

The rent is sky-high in my area.
더 렌(ㅌ) 이즈 스카이 하이 인 마이 에어리어

💬 계약 기간은 얼마입니까?

How long is the lease?
하우 러엉 이즈 더 리-(ㅅ)

💬 임대할 집을 찾고 있어요.

We are looking for a house to rent.
위 아- 루킹 퍼 어 하우(ㅅ) 투 렌(ㅌ)

부동산-계약하기

💬 계약하겠어요.

I want to sign the lease.
아이 원(ㅌ) 투 사인 더 리-(ㅅ)

💬 이 집으로 하겠어요.

I'll take this.
아일 테익 디스

💬 이 아파트를 임대하겠어요.

I'd like to rent this apartment.
아이(ㄷ) 라익 투 렌(ㅌ) 디스 아파-트먼(ㅌ)

💬 계약서에 서명해 주시겠어요?

Could you affix your stamp here?
쿠 쥬 어픽 슈어 스탬(ㅍ) 히어

💬 언제 이사 올 수 있을까요?

When can I move in?
웬 캔 아이 무- 빈

💬 당장 이사 들어가도 될까요?

Can we move in anytime soon?
캔 위 무- 빈 애니타임 수운

💬 임대료는 한 달에 500달러입니다. 공과금 포함입니다.

It's 500 dollars a month. Utilities are included.
잇(ㅊ) 파이(ㅂ) 헌드레(ㅈ) 달러 저 먼쓰.

유틸리티 자- 인클루딧

💬 월세는 매월 1일에 내시면 됩니다.

Your rent is due on the 1st of each month.
유어 렌 티즈 듀- 언 더 퍼-슷 어 비-취 먼쓰

Chapter 03
어디에서든 문제없어!

Unit 1　음식점
Unit 2　쇼핑
Unit 3　병원&약국
Unit 4　은행&우체국
Unit 5　미용실
Unit 6　세탁소
Unit 7　렌터카&주유소
Unit 8　영화관&기타 공연장
Unit 9　술집&클럽
Unit 10　파티

Unit 1 음식점

MP3. C03_U01

음식점 추천

💬 간단하게 식사하고 싶은데요.

I'd like to have a light meal.
아이(드) 라익 투 해 버 라잇 미일

💬 이 근처에 맛있게 하는 음식점 있나요?

Is there a good restaurant around here?
이즈 데어 어 굿 레스터런(트) 어라운(드) 히어

💬 근처의 괜찮은 식당을 좀 추천해 주시겠어요?

Would you recommend a nice restaurant near here?
우 쥬 레커멘 더 나이(스) 레스터런(트) 니어 히어

💬 이 시간에 문을 연 가게가 있습니까?

Is there a restaurant open at this time?
이즈 데어 어 레스터런(트) 오우펀 앳 디스 타임

💬 식당이 많은 곳은 어디인가요?

Where is the main area for restaurants?
웨어 이즈 더 메인 에어리어 퍼 레스터런(ㅊ)

💬 특별히 정해 둔 식당이라도 있나요?

Did you have a particular place in mind?
디 쥬 해 버 퍼티큐러 플레이 신 마인(ㄷ)

식당 예약

💬 제가 레스토랑을 예약할까요?

Shall I book a table at the restaurant?
샬 아이 북 어 테이블 앳 더 레스터런(ㅌ)

💬 그 레스토랑으로 예약해 주세요.

Make a reservation for the restaurant, please.
메익 어 레저베이션 퍼 더 레스터런(ㅌ), 플리-(ㅈ)

💬 예약이 필요한가요?

Do we need a reservation?
두 위 니잇 어 레저베이션

💬 7시에 3인용 테이블을 예약하고 싶은데요.

I'd like a table for three at 7 o'clock.
아이(ㄷ) 라익 어 테이블 퍼 쓰리- 앳 세븐 어클락

💬 창가 쪽 테이블로 해 주세요.

I'd like a table near the window.
아이(ㄷ) 라익 어 테이블 니어 더 윈도우

💬 예약을 변경하고 싶습니다.

I want to change my reservation.
아이 원(ㅌ) 투 체인쥐 마이 레저베이션

💬 예약을 취소해 주세요.

Cancel my reservation, please.
캔설 마이 레저베이션, 플리-(ㅈ)

예약 없이 갔을 때

💬 몇 분이신가요?

How many are with you?
하우 메니 아- 윗 유

How large is your party?
하우 라쥐 이즈 유어 파-티

💬 다섯 명입니다.

We have a party of 5.
위 해 버 파-티 어(ㅂ) 파이(ㅂ)

We are group of 5.
위 아- 그루웁 어(ㅂ) 파이(ㅂ)

We need a table for 5, please.
위 니잇 어 테이블 퍼 파이(ㅂ), 플리-(ㅈ)

💬 흡연석과 금연석 중 어느 걸로 드릴까요?

Smoking or non-smoking?
스모우킹 어 넌 스모우킹

💬 금연석으로 부탁합니다.

Non-smoking, please.
넌 스모우킹, 플리-(ㅈ)

Non-smoking would be nice.
넌 스모우킹 우(ㄷ) 비- 나이(ㅅ)

💬 죄송하지만 지금 자리가 다 찼습니다.

I'm afraid no tables are available now.
아임 어(프)레잇 노우 테이블 사- 어베일러블 나우

💬 어느 정도 기다려야 하나요?

About how long will we have to wait?
어바웃 하우 러엉 윌 위 해(ㅂ) 투 웨잇

💬 20분 정도 기다리셔야 하는데요. 기다리시겠어요?

There's a 20-minute wait. Would you mind waiting?
데어 서 트웬티 미닛 웨잇. 우 쥬 마인(ㄷ) 웨이팅

메뉴 보기

💬 메뉴 좀 볼 수 있을까요?

Can I see the menu, please?
캔 아이 시- 더 메뉴-, 플리-(ㅈ)
May I have a menu, please?
메이 아이 해 버 메뉴-, 플리-(ㅈ)

💬 오늘의 추천 메뉴는 무엇인가요?

What would you recommend?
왓 우 쥬 레커멘(드)
What's good today?
왓(츠) 굿 터데이
What's today's special?
왓(츠) 터데이(스) 스페셜

💬 메뉴를 좀 더 보고 싶은데요.

We need a little more time to look at the menu.
위 니잇 어 리들 머- 타임 투 룩 앳 더 메뉴-

💬 주문은 잠시 후에 할게요.

Could you take our orders a little later?
쿠 쥬 테익 아워 어-더 서 리들 레이터

💬 이곳의 특선 요리는 무엇인가요?

What is the specialty of this house?
왓 이즈 더 스페셜티 어(ㅂ) 디스 하우(스)

💬 저희는 가재 요리를 전문으로 하고 있습니다.

We specialize in lobsters.
위 스페셜라이 진 랍스터(스)

159

주문 전

💬 주문하셨습니까?

Have you been served?
해 뷰 빈 서-브(드)

💬 주문을 받아도 될까요?

Are you ready to order?
아- 유 레디 투 어-더

May I have your order?
메이 아이 해 뷰어 어-더

💬 무엇으로 하시겠습니까?

What would you like?
왓 우 쥬 라익

💬 주문하고 싶은데요.

We are ready to order.
위 아- 레디 투 어-더

Will you take my order, please?
월 유 테익 마이 어-더, 플리-(즈)

💬 먼저 음료부터 주문할게요.

We'd like to order drinks first.
위(ㄷ) 라익 투 어-더 드링(ㅅ) 퍼-슷
We'll begin with drinks.
위일 비긴 윗 드링(ㅅ)

💬 빨리 되는 게 어떤 건가요?

What can you serve quickly?
왓 캔 유 서-(ㅂ) 쿠익리

💬 저 사람이 먹고 있는 것은 무엇입니까?

What's that person having?
왓(ㅊ) 댓 퍼-슨 해빙

주문 결정

💬 좋아요, 그걸로 할게요.

Okay, I'll have that.
오우케이, 아일 해(ㅂ) 댓

💬 이걸로 주세요.

I'd like this one, please.
아이(ㄷ) 라익 디스 원, 플리-(ㅈ)

💬 저도 같은 걸로 주세요.

The same for me, please.
더 세임 퍼 미, 플리-(ㅈ)

💬 주문 확인하겠습니다.

Let me check your order.
렛 미 첵 유어 어-더

💬 더 필요하신 건 없습니까?

Anything else?
애니씽 엘(ㅅ)

💬 커피는 식사 후에 갖다주세요.

Bring me the coffee later, please.
브링 미 더 커-피 레이터, 플리-(ㅈ)
I'd like my coffee after the meal, please.
아이(ㄷ) 라익 마이 커-피 애(ㅍ)터 더 미일, 플리-(ㅈ)

💬 주문을 변경할 수 있을까요?

Can I change my order?
캔 아이 체인쥐 마이 어-더

💬 주문을 취소하고 싶은데요.

I want to cancel my order.
아이 원(ㅌ) 투 캔설 마이 어-더

주문하기-메인 요리

💬 스테이크는 어떻게 해 드릴까요?

How would you like your steak?
하우 우 쥬 라익 유어 스테익

💬 중간 정도로 익혀 주세요.

Medium, please.
미-디음, 플리-(ㅈ)

💬 완전히 익혀 주세요.

Well-done, please.
웰던, 플리-(ㅈ)

💬 달걀은 어떻게 해 드릴까요?

How would you like your eggs?
하우 우 쥬 라익 유어 엑(ㅅ)

💬 스크램블로 해 주세요.

I'll have them scrambled.
아일 해(ㅂ) 뎀 스크램블(ㄷ)

주문하기 - 선택 사항

💬 밥과 빵 중 어느 것으로 하시겠어요?

Which would you prefer, bread or rice?
위취 우 쥬 프리퍼-, 브렛 어 라이(ㅅ)

💬 수프나 샐러드가 함께 나옵니다. 어느 것으로 드릴까요?

That comes with a soup or salad. Which would you like?
댓 컴(ㅅ) 윗 어 소웁 어 샐럿. 위취 우 쥬 라익

💬 사이드 메뉴로 수프와 샐러드 중 선택하실 수 있습니다. 어느 것으로 하시겠어요?

You can choose soup or salad for a side dish. What would you like?
유 캔 추-(ㅈ) 소웁 어 샐럿 퍼 어 사이(ㄷ) 디쉬.
왓 우 쥬 라익

💬 드레싱은 어느 걸로 하시겠어요?

What kind of dressing would you like?
왓 카인 더(ㅂ) 드레싱 우 쥬 라익

💬 드레싱에는 어떤 게 있나요?

What kind of dressing do you have?
왓 카인 더(ㅂ) 드레싱 두 유 해(ㅂ)

주문하기 - 음료 & 디저트

💬 음료는 무엇으로 하시겠습니까?

What would you like to drink?
왓 우 쥬 라익 투 드링(ㅋ)

💬 술은 어떤 종류가 있습니까?

What kind of drinks do you have?
왓 카인 더(ㅂ) 드링(ㅅ) 두 유 해(ㅂ)

💬 물이면 됩니다.

Water's fine with me.
워-터(ㅅ) 파인 윗 미
Just a glass of water, please.
저슷 어 글래 서(ㅂ) 워-터, 플리-(ㅈ)

💬 커피만 주세요.

Just coffee, please.
저슷 커-피, 플리-(ㅈ)

💬 디저트를 주문하시겠습니까?

Would you like to order some dessert?
우 쥬 라익 투 어-더 섬 디저-(ㅌ)
What would you like to have for dessert?
왓 우 쥬 라익 투 해(ㅂ) 퍼 디저-(ㅌ)

💬 디저트로는 무엇이 있습니까?

What kind of dessert do you have?
왓 카인 더(ㅂ) 디저-(ㅌ) 두 유 해(ㅂ)

💬 디저트는 아이스크림으로 할게요.

I will have some ice cream for dessert.
아이 윌 해(ㅂ) 섬 아이(ㅅ) 크리임 퍼 디저-(ㅌ)

주문하기-요청 사항

💬 소금을 넣지 않고 요리해 주세요.

I'd like it cooked without salt.
아이(ㄷ) 라익 잇 쿡(ㅌ) 위다웃 서얼(ㅌ)

💬 양파는 빼고 주세요.

Hold the onion, please.
홀(ㄷ) 디 어년, 플리-(ㅈ)

💬 너무 맵지 않게 해 주세요.

Make it not too spicy, please.
메익 잇 낫 투- 스파이시, 플리-(ㅈ)

💬 빵을 좀 더 주세요.

Can I have more bread?
캔 아이 해(ㅂ) 머- 브렛

💬 소금 좀 갖다주시겠어요?

Could I have some salt, please?
쿠 다이 해(ㅂ) 섬 서얼(ㅌ), 플리-(ㅈ)

💬 물 좀 더 주시겠어요?

May I have more water?
메이 아이 해(ㅂ) 머- 워-터

💬 음료수를 바로 가져다 드리겠습니다.

I'll bring your drinks right away.
아일 브링 유어 드링(ㅋㅅ) 라잇 어웨이

웨이터와 대화

💬 오늘 이 테이블의 담당 서버입니다.

I'll be serving you tonight.
아일 비- 서-빙 유 터나잇

💬 이 음식은 무슨 재료를 사용한 겁니까?

What are the ingredients for this?
왓 아- 디 인그리-디언(ㅊ) 퍼 디스

💬 어떻게 요리한 겁니까?

How is it cooked?
하우 이즈 잇 쿡(ㅌ)

💬 이 소스의 재료는 무엇인가요?

What's the base of this source?
왓(ㅊ) 더 베이 서(ㅂ) 디스 서-(ㅅ)

💬 포크를 떨어뜨렸습니다.

I dropped my fork.
아이 드랍(ㅌ) 마이 퍼-(ㅋ)

💬 식탁 좀 치워 주시겠어요?

Could you please clear the table?
쿠 쥬 플리-(ㅈ) 클리어 더 테이블

💬 테이블 위에 물 좀 닦아 주세요.

Wipe the water off the table, please.
와입 더 워-터 어-(ㅍ) 더 테이블, 플리-(ㅈ)

💬 접시 좀 치워 주시겠어요?

Would you take the dishes away?
우 쥬 테익 더 디쉬 저웨이

서비스 불만

💬 주문한 음식이 아직 안 나왔는데요.

My order hasn't come yet.
마이 어-더 해즌(ㅌ) 컴 옛

💬 이건 제가 주문한 게 아닌데요.

This is not what I ordered.
디스 이즈 낫 왓 아이 어-더(ㄷ)

💬 고기가 충분히 익지 않았는데요.

I'm afraid this meat is not done enough.
아임 어(ㅍ)레잇 디스 미잇 이즈 낫 던 이넙

💬 좀 더 구워 주시겠어요?

Could I have it broiled a little more?
쿠 다이 해 빗 브로일 더 리들 머-

💬 이건 상한 것 같은데요.

I'm afraid this food is stale.
아임 어(ㅍ)레잇 디스 푸웃 이즈 스테일
This food has gone bad.
디스 푸웃 해즈 건 뱃

💬 수프에 뭐가 들어 있어요.

There's something foreign in the soup.
데어(ㅅ) 섬씽 퍼-런 인 더 소웁

💬 컵이 더러운데요. 다른 것 갖다주시겠어요?

This glass is not clean. Can I have another one?
디스 글래 시즈 낫 클리인. 캔 아이 해 버나더 원

음식 맛 평가

💬 오늘 음식 맛은 어떠셨나요?

Have you enjoyed your meal today?
해 뷰 인조이 쥬어 미일 터데이

💬 이렇게 맛있는 음식은 처음 먹어요.

That was the most delicious meal I've ever had.
댓 워즈 더 모우숫 딜리셔(ㅅ) 미일 아이 베버 햇
It is the best meal I've ever had.
잇 이즈 더 베슷 미일 아이 베버 햇

💬 좀 단 것 같아요.

It's a little too sweet for me.
잇 처 리들 투- 스위잇 퍼 미

171

💬 맛이 담백해요.

It's plain.
잇(ㅊ) 플레인

💬 좀 기름진 것 같은데요.

I think it's a little greasy.
아이 씽 킷 처 리들 그리-시

💬 죄송하지만, 제 입맛에 맞지 않아요.

Sorry, but it's not really my taste.
서-리, 벗 잇(ㅊ) 낫 리얼리 마이 테이슷

계산

💬 계산서 부탁합니다.

Check, please.
첵, 플리-(ㅈ)

💬 계산은 어디서 하나요?

Where is the cashier?
웨어 이즈 더 캐쉬어

💬 세금과 봉사료는 포함되어 있나요?

Does this bill include tax and service charge?
더즈 디스 빌 인클루드 택 샌(드) 서-비(스) 차-쥐

💬 각자 계산하기로 하죠.

Let's go dutch.
렛(츠) 고우 덧취

💬 따로따로 계산해 주세요.

Separate checks, please.
세퍼레잇 첵(스), 플리-(즈)

💬 오늘은 제가 살게요.

Let me treat you this time.
렛 미 츠리잇 유 디스 타임
It's my treat tonight.
잇(츠) 마이 츠리잇 터나잇

💬 그가 이미 계산했어요.

He got it all figured out already.
히 갓 잇 어얼 피겨 다웃 어얼레디

카페

💬 커피 한잔할래요?

Shall we have a cup of coffee?
샬 위 해 버 컵 어(ㅂ) 커-피

How about having a cup of coffee?
하우 어바웃 해빙 어 컵 어(ㅂ) 커-피

💬 커피 한잔하면서 얘기합시다.

Let's talk over a cup of coffee.
렛(ㅊ) 터억 오우버 어 컵 어(ㅂ) 커-피

💬 제가 커피 한잔 살게요.

Let me treat you to a cup of coffee.
렛 미 츠리잇 유 투 어 컵 어(ㅂ) 커-피

💬 커피를 진하게 주세요.

I'd like my coffee strong.
아이(ㄷ) 라익 마이 커-피 스츠러엉

💬 커피에 설탕이나 크림을 넣을까요?

Would you like some sugar or cream in your coffee?
우 쥬 라익 섬 슈거 어 크리임 인 유어 커-피

💬 설탕과 크림을 넣어 주세요.

With sugar and cream, please.
윗 슈거 앤(ㄷ) 크리임, 플리-(ㅈ)

패스트푸드

💬 다음 분 주문하세요.

Next in line, please.
넥슷 인 라인, 플리-(ㅈ)

💬 와퍼 하나랑 콜라 주세요.

I'd like a wopper and a coke, please.
아이(ㄷ) 라익 어 워퍼 앤(ㄷ) 어 콕, 플리-(ㅈ)

💬 마요네즈는 빼 주세요.

With no mayo.
윗 노우 메오우

💬 피클을 빼 주세요.

Hold the pickles, please.
호울(ㄷ) 더 픽클(ㅅ), 플리-(ㅈ)

💬 여기에서 드실 건가요 아니면 포장인가요?

For here or to go?
퍼 히어 어 투 고우
Eat in or take out?
이잇 인 어 테익 아웃

💬 버거에 치즈가 들어가나요?

Does the burger come with cheese?
더즈 더 버거 컴 윗 치-(ㅈ)

💬 위에 뭘 얹어 드릴까요?

What would you like on it?
왓 우 쥬 라익 언 잇

💬 1분 안에 준비해 드리겠습니다.

We'll have that ready in a minute.
위일 해(ㅂ) 댓 레디 인 어 미닛

배달

💬 피자 시켜 먹자!

Let's get some pizza!
렛(ㅊ) 겟 섬 핏자

How about ordering pizza?
하우 어바웃 어-더링 핏자

💬 좋아.

That sounds good.
댓 사운(ㅈ) 굿

That's a great idea.
댓 처 그레잇 아이디-어

I'd like that.
아이(ㄷ) 라익 댓

💬 9.99달러에 두 판을 주문할 수 있는 쿠폰이 있어.

I've got a coupon for two small pizzas for 9.99.
아이(ㅂ) 갓 어 쿠-판 퍼 투- 스머얼 핏자(ㅅ) 퍼 나인 나인티나인

💬 합해서 4달러 21센트입니다.

That comes to 4 dollars 21 cents in total.
댓 컴(ㅅ) 투 퍼- 달러(ㅅ) 트웬티원 센 친 토우틀

💬 배달되는데 얼마나 걸릴까요?

How soon will the pizza get here?
하우 수운 윌 더 핏자 겟 히어

💬 30분 이내에 배달되도록 해 주세요.

Please make it in 30 minutes or less.
플리-(ㅈ) 메익 잇 인 써-티 미닛(ㅊ) 어 레(ㅅ)

Unit 2 **쇼핑**

MP3. C03_U02

쇼핑

💬 같이 쇼핑하러 가지 않을래?

Why don't we go shopping together?
와이 도운(트) 위 고우 샤핑 터게더

💬 나는 쇼핑 중독이야.

I'm a shopaholic.
아임 어 샤퍼할릭

💬 넌 명품만 밝히는구나.

You are the type of person who digs only luxury goods.
유 아- 더 타입 어(ㅂ) 퍼-슨 후 딕 소운리 럭셔리 굿(ㅈ)

💬 한 시간밖에 없어서 백화점을 바쁘게 돌아다녔어요.

I had only 1 hour so that I trotted about the department store.
아이 햇 오운리 원 아워 소우- 댓 아이 츠롯티 더바웃 더 디파-트먼(트) 스터-

💬 충동구매를 하지 않으려면 쇼핑리스트를 만들어야 해.

You should make a shopping list so that you don't buy anything impulsively.

유 슈(ㄷ) 메익 어 샤핑 리슷 소우- 댓 유 도운(ㅌ) 바이 애니씽 임펄시블리

쇼핑몰

💬 쇼핑몰에 가면 다양한 가게에서 쇼핑을 할 수 있어.

We can shop at many different stores at the mall.

위 캔 샵 앳 메니 디퍼런(ㅌ) 스터- 잿 더 머얼

💬 쇼핑몰에서 쇼핑하면 시간을 절약할 수 있어.

Shopping at the mall makes us save time.

샤핑 앳 더 머얼 메익 어스 세이(ㅂ) 타임

💬 그냥 쇼핑몰에서 시간을 보냈어요.

I was just hanging out in the shopping mall.
아이 워즈 저슷 행잉 아웃 인 더 샤핑 머얼

I just enjoyed looking around in the mall.
아이 저슷 인조잇 루킹 어라운 딘 더 머얼

💬 저는 친구들과 어울려 쇼핑몰에 가는 것을 좋아해요.

I like hanging out with my friends in the shopping mall.
아이 라익 행잉 아웃 윗 마이 프렌 진 더 샤핑 머얼

💬 난 완전히 지쳤다고! 벌써 두 시간째 끌고 다녔잖아.

I'm totally exhausted! You've dragged me along with you for 2 hours already.
아임 토우털리 익저스팃! 유(ㅂ) 드랙(ㄷ) 미 어러엉 윗 유 퍼 투- 아워(ㅅ) 어얼레디

옷 가게

💬 찾으시는 물건이 있나요?

May I help you?
메이 아이 헬 퓨

💬 그냥 좀 둘러보는 중이에요.

I'm just looking around.
아임 저슷 루킹 어라운(ㄷ)

💬 지금 유행하는 스타일은 어떤 건가요?

What styles are popular now?
왓 스타일 사- 파퓰러 나우

💬 이건 유행이 지난 것 같은데요.

This seems to be out of fashion.
디스 시임(ㅈ) 투 비- 아웃 어(ㅂ) 패션

💬 좀 입어 봐도 될까요?

Can I try this on?
캔 아이 츠라이 디스 언

💬 한번 입어 보세요.

Why don't you try it on?
와이 도운 츄 츠라이 잇 언

💬 탈의실은 어디인가요?

Where is the fitting room?
웨어 이즈 더 피딩 루-움

옷 구입 조건

💬 사이즈가 어떻게 되십니까?

What size do you wear?
왓 사이(ㅈ) 두 유 웨어

💬 M 사이즈는 저한테 안 맞아요. L 사이즈가 맞을 것 같아요.

Mediums don't fit me. I think I should go with Large.
미-디음(ㅅ) 도운(ㅌ) 핏 미. 아이 씽(ㅋ) 아이 슈(ㄷ) 고우 윗 라-쥐

💬 더 큰 사이즈로 있나요?

Does it come in a larger size?
더즈 잇 컴 인 어 라-저 사이(ス)
Do you have it in a larger size?
두 유 해 빗 인 어 라-저 사이(ス)

💬 그렇게 끼는 옷은 감당할 수 없어요.

My body can't handle such tight clothes.
마이 바디 캔(ㅌ) 핸들 서취 타잇 클로우(ス)

💬 이 셔츠 다른 색상은 없나요?

Don't you have this shirt in another color?
도운 츄 해(ㅂ) 디스 셔- 틴 어나더 컬러

💬 이 셔츠는 노출이 너무 심한데요.

This shirt is too revealing.
디스 셔- 티즈 투- 리비-링

옷 구입 결정

💬 잘 어울려. / 너한테 딱인데.

This will perfectly suit you.
디스 윌 퍼펙(트)리 수웃 유

That looks great on you.
댓 룩(ㅅ) 그레잇 언 유

That's so you.
댓(ㅊ) 소우- 유

💬 이게 바로 내가 찾던 거야.

This is just what I'm looking for.
디스 이즈 저슷 왓 아임 루킹 퍼

💬 그걸로 사는 게 좋겠어.

You should go with that one.
유 슈(ㄷ) 고우 윗 댓 원

💬 가격이 적당하네요. 그걸로 할게요.

The price is reasonable.
I'll take it.
더 프라이 시즈 리-저너블. 아일 테익 잇

💬 몇 군데 더 둘러보고 결정하겠어요.

I'll look around at a few more places and then decide.

아일 룩 어라운 댓 어 퓨- 머- 플레이시 샌(ㄷ) 덴 디사이(ㄷ)

💬 다음에요.

Perhaps next time.

퍼햅(ㅅ) 넥슷 타임

대형 마트 & 슈퍼마켓

💬 전기 제품 매장은 어디인가요?

Where can I find the electric appliances?

웨어 캔 아이 파인(ㄷ) 디 엘렉츠릭 어플라이언시(ㅅ)

💬 식료품 매장은 지하에 있나요?

Is the food stuff in the basement?

이즈 더 푸웃 스텁 인 더 베이스먼(ㅌ)

- 카트를 가져오는 것이 좋겠네요.

    I think we had better go and get a shopping cart.
    아이 씽(ㅋ) 위 햇 베더 고우 앤(ㄷ) 겟 어 샤핑 카-(ㅌ)

- 낱개 판매도 하나요?

    Can you break up the set?
    캔 유 브레익 업 더 셋

- 시식해도 되나요?

    Can I taste it?
    캔 아이 테이슷 잇

- 죄송합니다만, 지금은 재고가 없군요.

    I'm sorry, it's out of stock right now.
    아임 서-리, 잇 차웃 어(ㅂ) 스탁 라잇 나우

- 죄송하지만, 그 물건은 취급하지 않습니다.

    I'm sorry, but we are out of it.
    아임 서-리, 벗 위 아- 아웃 어 빗

- 죄송하지만, 지금 문 닫을 시간인데요.

    I'm sorry, but we're closing now.
    아임 서-리, 벗 위어 클로우징 나우

💬 영업시간이 어떻게 되나요?

What are the store's hours?
왓 아- 더 스터-(ㅅ) 아워(ㅅ)
What time do you close?
왓 타임 두 유 클로우(ㅈ)

💬 계산대는 어디 있어요?

Where is the check-out counter?
웨어 이즈 더 첵아웃 카운터

💬 봉투에 넣어 드릴까요?

Do you need a plastic bag?
두 유 니잇 어 플래스틱 백

💬 수표로 계산하려면 신분증 확인이 필요합니다.

We need your identification card if you are using a check.
위 니잇 유어 아이덴티피케이션 카-(ㄷ) 이(ㅍ) 유 아- 유징 어 첵

💬 서명해 주시겠어요?

Can I get your signature here?
캔 아이 겟 유어 시그니처 히어
I need your signature here.
아이 니잇 유어 시그니처 히어

💬 제 차까지 짐을 운반해 주실 수 있으세요?

Would you please give me a hand to bring this to my car?
우 쥬 플리-(ㅈ) 기(ㅂ) 미 어 핸(ㄷ) 투 브링 디스 투 마이 카-

할인 기간

💬 지금 세일 중입니까?

Are you currently having a sale?
아- 유 커렌(ㅌ)리 해빙 어 세일

💬 여름 세일 중입니다.

The summer sales are on now.
더 서머 세일 사- 언 나우

💬 겨울 세일은 일주일 동안 계속됩니다.

The winter sale will go on for a week.
더 윈터 세일 윌 고우 언 퍼 어 위익

💬 봄 세일은 이번 주 금요일부터 시작됩니다.

The spring sale starts this Friday.
더 스프링 세일 스타-(ㅊ) 디스 프라이데이

💬 연말 세일은 12월 20일부터 31일까지입니다.

The year-end sale from December 20 to 31.
디 이어 엔(드) 세일 프럼 디셈버 트웬티쓰 투 써-티퍼-슷

💬 지금은 특별 세일 기간입니다.

This is the special season for bargain sale.
디스 이즈 더 스페셜 시-즌 퍼 바-건 세일

💬 재고정리 세일 중입니다.

We are having a clearance sale.
위 아- 해빙 어 클리어런(스) 세일

💬 세일은 언제인가요?

When is it going to be on sale?
웬 이즈 잇 고잉 투 비- 언 세일

💬 세일은 언제 끝나나요?

When does the sale end?
웬 더즈 더 세일 엔(드)

💬 세일 기간은 얼마나 되나요?

How long is the sale?
하우 러엉 이즈 더 세일
How long will this shop have a sale?
하우 러엉 윌 디스 샵 해 버 세일

💬 세일은 어제 끝났습니다.

The sale ended yesterday.
더 세일 엔딧 예스터데이

💬 이 물건은 언제 다시 세일하나요?

Do you know when this item will go on sale again?
두 유 노우 웬 디스 아이듬 윌 고우 언 세일 어겐

💬 세일 가격은 5월 31일까지 유효합니다.

Sale prices are good through May 31.
세일 프라이시 자- 굿 쓰루- 메이 써-티퍼-슷

💬 세일 때 산 물건은 교환이나 환불이 안 됩니다.

We're not allowed to make exchanges or give refunds for items bought on sale.

위어 낫 얼라웃 투 메익 익스체인쥐 서 기(ㅂ) 리펀(ㅈ) 퍼 아이듬(ㅅ) 보웃 언 세일

할인 품목&비율

💬 전 제품을 20% 할인하고 있습니다.

Everything's 20% off.

에브리씽(ㅈ) 트웬티 퍼센(ㅌ) 어-(ㅍ)

💬 오늘 25% 할인 행사가 있어요.

There's a 25% off sale today.

데어 서 트웬티파이(ㅂ) 퍼센(ㅌ) 어-(ㅍ) 세일 터데이

💬 정가는 100달러지만 세일해서 80달러예요.

It's regularly priced at $100 but it's on sale for $80.

잇(ㅊ) 레귤러리 프라이스 탯 원 헌드레(ㄷ) 달러(ㅈ) 벗 잇(ㅊ) 언 세일 퍼 에이티 달러(ㅈ)

💬 티셔츠가 세일 중입니다. 3벌을 구입하시면 1벌을 무료로 드립니다.

T-shirts are on sale today. Buy 3 shirts and get the 4th free.
티 셔– 차– 언 세일 터데이. 바이 쓰리– 셔– 챈(ㄷ) 겟 더 퍼–쓰 프리–

💬 어떤 품목들을 세일하고 있나요?

Which items are on sale?
위취 아이듬 사– 언 세일

💬 이 컴퓨터는 세일 중인가요?

Is this computer on sale?
이즈 디스 컴퓨–터 언 세일

💬 그것은 할인 제품이 아닙니다.

It's not on sale.
잇(ㅊ) 낫 언 세일
It's not a discount item.
잇(ㅊ) 낫 어 디스타운 타이듬

할인 구입 조건

💬 그 가게는 세일 기간에만 가요.

I go to the store only when they are having a sale.
아이 고우 투 더 스토- 오운리 웬 데이 아- 해빙 어 세일

💬 난 세일 때까지 기다릴래.

I think I'll wait until it's on sale.
아이 씽(ㅋ) 아일 웨잇 언틸 잇 천 세일

💬 리바이스가 엄청 세일 중인데. 거의 반값이야.

There is a huge sale on Levi's. They're like half off.
데어 이즈 어 휴-(ㅈ) 세일 언 리바이(ㅅ).
데어 라익 하(ㅍ) 어-(ㅍ)

💬 이 모자는 세일해서 겨우 10달러였어.

This hat was only 10 dollars on sale.
디스 햇 워즈 오운리 텐 달러 전 세일

💬 세일 기간 중에는 좋은 물건을 찾기 힘들어.

You can't really find quality goods on sale.
유 캔 리얼리 파인(ㄷ) 쿠얼리티 굿 전 세일

💬 품질이 최고예요.

Quality speaks for itself.
쿠얼리티 스피익(ㅅ) 퍼 잇셀(ㅍ)

할부 구매

💬 할부로 구입이 가능한가요?

Can I buy it on an installment plan?
캔 아이 바이 잇 언 언 인스털먼(ㅌ) 플랜
Can I pay in installments?
캔 아이 페이 인 인스털먼(ㅊ)
Can I make monthly payments with this purchase?
캔 아이 메익 먼쓰리 페이먼(ㅊ) 윗 디스 퍼-췌(ㅅ)
Do you have an installment plan?
두 유 해 번 인스털먼(ㅌ) 플랜

💬 할부로 차를 구입하고 싶은데요.

I want to buy a car on easy terms.
아이 원(ㅌ) 투 바이 어 카- 언 이-지 텀엄(ㅅ)

💬 할부로 구입하시겠어요?

Do you want to buy this on easy terms?
두 유 원 투 바이 디스 언 이-지 텀엄(ㅅ)

💬 일시불입니까 할부입니까?

Would you like to pay in full, or in installments?
우 쥬 라익 투 페이 인 풀, 어 인 인스털먼(ㅊ)

💬 할부로 하면 이자를 내야 합니까?

Do I have to pay interest to pay in installments?
두 아이 해(ㅂ) 투 페이 인터레슷 투 페이 인 인스털먼(ㅊ)

💬 일시불로 할게요.

I'd like to pay in full.
아이(ㄷ) 라익 투 페이 인 풀

💬 몇 개월 할부로 하시겠어요?

How many installments would you like to make?
하우 메니 인스털먼(ㅊ) 우 쥬 라익 투 메익

💬 6개월 할부로 해 주세요.

I'd like to make that in six month payments.
아이(ㄷ) 라익 투 메익 댓 인 식(ㅅ) 먼쓰 메이먼(ㅊ)

💬 무이자 할부 제도에 대해 설명해 드릴까요?

May I show you our no-interest financing plan?
메이 아이 쇼우 유 아워 노우 인터레슷 파이낸싱 플랜

💬 계약금으로 50%를 내시면, 잔금을 할부로 해 드리겠습니다.

If you put 50% today, we'll sell it in installments.
이(ㅍ) 유 풋 핍티 퍼센(ㅌ) 터데이, 위일 셀 잇 인 인스털먼(ㅊ)

계산하기

💬 전부 얼마입니까?

How much in all?
하우 머취 인 어얼
How much are those altogether?
하우 머취 아- 도우즈 어얼터게더
How much does it come to all together?
하우 머취 더즈 잇 컴 투 어얼 터게더

💬 총액은 35달러입니다.

The total comes to 35 dollars.
더 토우틀 컴(ㅅ) 투 써-티파이(ㅂ) 달러(ㅈ)
That comes to 35 dollars all together.
댓 컴(ㅅ) 투 써-티파이(ㅂ) 달러(ㅈ) 어얼 터게더

💬 어떻게 지불하실 건가요?

How will you be paying for it?
하우 윌 유 비- 페잉 퍼 잇
How would you like to pay?
하우 우 쥬 라익 투 페이

💬 현금과 신용카드 중 어떻게 계산하시겠어요?

Will you pay in cash or by credit card?
월 유 페이 인 캐쉬 어 바이 크레딧 카-(ㄷ)

💬 현금으로 하겠어요.

I'd like to pay in cash.
아이(ㄷ) 라익 투 페이 인 캐쉬

💬 카드로 해 주세요.

By credit card, please.
바이 크레딧 카-(ㄷ), 플리-(ㅈ)

💬 신용카드도 되나요?

Can I pay with credit cards?
캔 아이 페이 윗 크레딧 카-(ㅈ)
Will you take credit cards?
월 유 테익 크레딧 카-(ㅈ)

💬 20달러짜리인데 잔돈 있으세요?

Do you have change for a twenty-dollar bill?
두 유 해(ㅂ) 체인쥐 퍼 어 트웬티 달러 빌

💬 여기 거스름돈입니다.

Here is your change.
히어 이즈 유어 체인쥐

💬 거스름돈이 모자라는데요.

The change is a little short.
더 체인쥐 이즈 어 리들 셔-(ㅌ)
I got short-changed.
아이 갓 셔-(ㅌ) 체인쥐(ㄷ)

💬 여기 영수증이요.

Here is your receipt.
히어 이즈 유어 리시잇

💬 영수증 좀 주시겠어요?

Can I have a receipt, please?
캔 아이 해 버 리시잇, 플리-(ㅈ)
Let me have a receipt, please.
렛 미 해 버 리시잇, 플리-(ㅈ)

배송

💬 집까지 배송해 주시겠어요?

Could you deliver them to my house?
쿠 쥬 딜리버 뎀 투 마이 하우(ㅅ)

💬 배송료는 어떻게 계산하나요?

How are delivery charges calculated?
하우 아- 딜리버리 차-쥐(ㅅ) 캘큘레이팃

💬 이 상품의 가격에는 배송료가 포함되어 있지 않습니다.

The price does not include the delivery charge.
더 프라이(ㅅ) 더즈 낫 인클루(ㄷ) 더 딜리버리 차-쥐

💬 배송료는 따로 청구하나요?

Do you charge extra for delivery?
두 유 차-쥐 엑스츠라 퍼 딜리버리

💬 언제 배송되나요?

When will it be delivered?
웬 윌 잇 비- 딜리버(ㄷ)

💬 구입 다음 날까지 배송됩니다.

We can deliver overnight.
위 캔 딜리버 오우버나잇

환불 & 반품

💬 이것 환불해 주시겠어요?

May I get a refund on this, please?
메이 아이 겟 어 리펀 던 디스, 플리-(ㅈ)
I'd like to get a refund for this.
아이(ㄷ) 라익 투 겟 어 리펀(ㄷ) 퍼 디스
I demand a refund on this.
아이 디맨 더 리펀 던 디스

💬 환불 규정이 어떻게 되나요?

What are the rules on getting a refund?
왓 아- 더 루울 선 게딩 어 리펀(ㄷ)

💬 반품 가능 기간은 언제까지인가요?

When should I return this by?
웬 슈 다이 리터언 디스 바이

💬 구입일로부터 2주 이내입니다.

Within 2 weeks from the day you bought it.
위딘 투- 위익(ㅅ) 프럼 더 데이 유 보웃 잇

💬 영수증이 없으면 반품할 수 없습니다.

You can't return without the receipt.
유 캔(트) 리터언 위다웃 더 리시잇
We can't take this back without the receipt.
위 캔(트) 테익 디스 백 위다웃 더 리시잇

💬 환불 및 반품 불가.

No refund, no return.
노우 리펀(ㄷ), 노우 리터언

Unit 3 병원 & 약국

병원 예약 & 수속

💬 접수 창구는 어디입니까?

Where is the reception desk, please?
웨어 이즈 더 리셉션 데슥, 플리-(ㅈ)

💬 진찰 예약을 하고 싶습니다.

I'd like to make an appointment to see the doctor.
아이(ㄷ) 라익 투 메익 언 어퍼인먼(ㅌ) 투 시- 더 닥터

💬 저희 병원은 처음이신가요?

Have you ever visited here before?
해 뷰 에버 비지팃 히어 비퍼-

💬 오늘이 처음입니다.

Today is my first visit.
터데이 이즈 마잇 퍼-숫 비짓

💬 1시에 스미스 선생님께 진료 예약을 했는데요.

I have an appointment to see Dr. Smith at 1 o'clock.
아이 해 번 어포인먼(ㅌ) 투 시- 닥터 스미쓰 앳 원 어클락

💬 건강 검진을 받고 싶은데요.

I'd like to get a physical exam.
아이(ㄷ) 라익 투 겟 어 피지컬 익잼

💬 진료 시간이 어떻게 됩니까?

What are your office hours?
왓 아- 유어 어-피(ㅅ) 아워(ㅅ)

💬 왕진도 가능한가요?

Do you make house calls?
두 유 메익 하우(ㅅ) 커얼(ㅅ)

진찰실

💬 어디가 안 좋으신가요?

What seems to be the trouble?
왓 시임(ㅈ) 투 비- 더 츠러블
What's the matter with you?
왓(ㅊ) 더 매더 윗 유
What's wrong with you?
왓(ㅊ) 러엉 윗 유
Is something wrong with you?
이즈 섬씽 러엉 윗 유
What can I do for you?
왓 캔 아이 두 퍼 유

💬 증상이 어떻습니까?

What are your symptoms?
왓 아- 유어 심텀(ㅅ)

💬 전에 병을 앓은 적이 있으신가요?

Have you ever suffered from disease before?
해 뷰 에버 서퍼(ㄷ) 프럼 디지(ㅈ) 비퍼-

💬 체온을 재겠습니다.

Let's take your temperature.
렛(ㅊ) 테익 유어 템퍼러쳐
Let's see if you have a temperature.
렛(ㅊ) 시- 이(ㅍ) 유 해 버 템퍼러쳐

💬 진찰하도록 옷을 벗어 주세요.

Please remove your shirt so I can listen to your chest.
플리-(ㅈ) 리무- 뷰어 셔-(ㅊ) 소우- 아이 캔 리슨 투 유어 체슷

💬 숨을 깊이 들이쉬세요.

Take a deep breath.
테익 어 디입 브레쓰

외과

💬 다리가 부었어요.

I have a swollen foot.
아이 해 버 스월른 풋

💬 교통사고로 다리가 부러졌어요.

I broke my leg in the car accident.
아이 브로욱 마이 렉 인 더 카- 액시던(트)

💬 넘어져서 무릎이 까졌어요.

I fell down and got my knees skinned.
아이 펠 다운 앤(드) 갓 마이 니-(ㅅ) 스킨(드)
I fell down and scraped my knees.
아이 펠 다운 앤(드) 스크랩(트) 마이 니-(ㅅ)

💬 허리가 아파요.

I have a backache.
아이 해 버 백에익
My back hurts.
마이 백 허-(ㅊ)

💬 등이 아파요.

My back aches.
마이 백 에익(ㅅ)
I've got a pain in my back.
아이(ㅂ) 갓 어 페인 인 마이 백

💬 발목을 삐었어요.

I sprained my ankle.
아이 스프레인(ㄷ) 마이 앵클
I have my ankle sprained.
아이 해(ㅂ) 마이 앵클 스프레인(ㄷ)

💬 어깨가 결려요.

My shoulders are stiff.
마이 쇼울더 사- 스티(ㅍ)

내과 - 감기

💬 감기에 걸린 것 같아요.

I seem to have caught a cold.
아이 시임 투 해(ㅂ) 커웃 어 코울(ㄷ)
I've got a cold.
아이(ㅂ) 갓 어 코울(ㄷ)

💬 코가 막혔어요.

I have a stuffy nose.
아이 해 버 스터피 노우(ㅈ)
My nose is stuffy.
마이 노우(ㅈ) 이즈 스터피

💬 콧물이 나요.

I have a runny nose.
아이 해 버 러니 노우(ㅈ)
My nose is running.
마이 노우(ㅈ) 이즈 러닝

💬 침을 삼킬 때마다 목이 아파요.

My throat hurts when I swallow.
마이 쓰로웃 허-(ㅊ) 웬 아이 스왈로우

💬 기침을 할 때마다 목이 아파요.

I have a burning sensation when I cough.
아이 해 버 버-닝 센세이션 웬 아이 커(ㅍ)

내과 - 열

💬 열이 있어요.

I have a fever.
아이 해 버 피-버
I feel feverish.
아이 피일 피-버리쉬
I feel very hot.
아이 피일 베리 핫

💬 열이 38도예요.

I have a temperature of 38 degrees.
아이 해 버 템퍼러쳐 어(ㅂ) 써-티에잇 디그리-(ㅅ)

💬 머리가 깨질 듯 아파요.

I have a terrible headache.
아이 해 버 테러블 헷에익
I have splitting headache.
아이 해(ㅂ) 스플리딩 헷에익

💬 현기증이 나요.

I feel languid.
아이 피일 랭구잇
I feel dull.
아이 피일 덜

💬 목이 쉬었어요.

My voice is hoarse.
마이 버이(ㅅ) 이즈 허-(ㅅ)

💬 독감이 유행하고 있어요.

There's a lot of flu going around.
데어 서 랏 어(ㅂ) 플루- 고우잉 어라운(ㄷ)

내과 - 소화기

💬 배가 아파요.

My stomach is upset.
마이 스터먹 이즈 업셋
I have a stomachache.
아이 해 버 스터먹에익

💬 배가 콕콕 쑤시듯 아파요.

I have an acute pain in my stomach.
아이 해 번 어큐(트) 페인 인 마이 스터먹

💬 아랫배에 통증이 있어요.

I have a pain in my abdomen.
아이 해 버 페인 인 마이 앱더먼

💬 배탈이 났어요.

I've got the runs.
아이(브) 갓 더 런(스)
I have a loose stool.
아이 해 버 루-(스) 스투울

💬 구역질이 나요.

I feel like vomiting.
아이 피일 라익 바미딩

I suffer from nausea.
아이 서퍼 프럼 너씨아
I feel sick.
아이 피일 식
I feel queasy.
아이 피일 쿠이지

💬 속이 뒤틀려서 죽겠어요.

My stomach kept flipping over on itself.
마이 스터먹 켑(ㅌ) 플리핑 오우버 언 잇셀(ㅍ)

💬 먹으면 바로 토해요.

I throw up when I eat.
아이 쓰로우 업 웬 아이 이잇

💬 속이 거북해요.

My stomach feels heavy.
마이 스터먹 피일(ㅅ) 헤비

💬 신트림이 나요.

I have sour eructation.
아이 해(ㅂ) 사워 이럭테이션

💬 변비가 있어요.

I'm constipated.
아임 컨스터페이티(드)
I'm suffering from constipation.
아임 서퍼링 프럼 컨스터페이션

💬 요 며칠 동안 변을 못 봤어요.

I've had no bowel movement for a few days.
아이(ㅂ) 햇 노우 바월 무브먼(ㅌ) 퍼 어 퓨- 데이(ㅅ)

💬 설사를 합니다.

I have loose bowels.
아이 해(ㅂ) 루-(ㅅ) 바월(ㅅ)
I have diarrhea.
아이 해(ㅂ) 다이어리어

💬 어제부터 내내 설사만 했어요.

I've had diarrhea all day long since yesterday.
아이(ㅂ) 햇 다이어리어 어얼 데이 러엉 신(ㅅ)
예스터데이

치과 - 치통

💬 이가 몹시 아파요.

My teeth ache. It really hurts.
마이 티-쓰 에익. 잇 리얼리 허-(ㅊ)
I have a severe toothache.
아이 해 버 서비어 투-쓰에익
Toothache is killing me now.
투-쓰에익 이즈 킬링 미 나우

💬 이가 쿡쿡 쑤셔요.

I'm suffering from a twinge of toothache.
아임 서퍼링 프럼 어 트윈쥐 어(ㅂ) 투-쓰에익

💬 치통이 있어요. 이 어금니가 아파요.

I've got a toothache. This back tooth hurts me.
아이(ㅂ) 갓 어 투-쓰에익. 디스 백 투-쓰 허-(ㅊ) 미

💬 이가 약간 아픕니다.

I have a slight toothache.
아이 해 버 슬라잇 투-쓰에익

💬 먹을 때마다 이가 아파서 아무것도 먹을 수 없습니다.

I have a toothache whenever I eat, I can't eat anything.
아이 해 버 투-쓰에익 웨네버 아이 이잇, 아이 캔(ㅌ) 이잇 애니씽

💬 치통 때문에 음식을 잘 씹을 수 없습니다.

I can't chew my food well because of the toothache.
아이 캔(ㅌ) 츄- 마이 푸웃 웰 비커-(ㅈ) 어(ㅂ) 더 투-쓰에익

치과 - 발치

💬 이 하나가 흔들거립니다.

One of my teeth is loose.
원 어(ㅂ) 마이 티-쓰 이즈 루-(ㅅ)
I have a loose tooth.
아이 해 버 루-(ㅅ) 투-쓰

💬 이를 빼야 할 것 같아요.

I think I should extract a tooth.
아이 씽(ㅋ) 아이 슈(ㄷ) 익스츠랙 터 투-쓰
I should have a tooth pulled out.
아이 슈(ㄷ) 해 버 투-쓰 풀 다웃

💬 사랑니가 났어요.

I've cut a wisdom tooth.
아이(ㅂ) 컷 어 위즈덤 투-쓰

💬 사랑니가 삐져 나와서 엄청 아파요.

A wisdom tooth was cutting through and it hurt like hell.
어 위즈덤 투-쓰 워즈 커딩 쓰루- 앤(ㄷ) 잇 허-(ㅊ) 라익 헬

💬 사랑니를 뽑는 게 좋겠어요.

You'd better pull out the wisdom teeth.
유(ㄷ) 베더 풀 아웃 더 위즈덤 티-쓰

💬 사랑니는 아직 뽑지 않는 게 좋겠어요.

You'd rather not have your wisdom tooth extracted yet.
유(ㄷ) 래더 낫 해 뷰어 위즈덤 투-쓰 익스츠랙티(ㄷ) 옛

치과 - 충치

💬 충치가 있는 것 같습니다.

I think I have a cavity.
아이 씽(ㅋ) 아이 해 버 캐비티
I got a decayed tooth.
아이 갓 어 디케이(ㄷ) 투-쓰
I have a tooth decay.
아이 해 버 투-쓰 디케이

💬 아래쪽 어금니에 충치가 생겼어요.

I developed a cavity in one of my lower back teeth.
아이 디벨롭 터 캐비티 인 원 어(ㅂ) 마이 로워 백 티-쓰

💬 가벼운 충치가 두 개 있는 것 같군요.

It looks like you have two small cavities.
잇 룩(ㅅ) 라익 유 해(ㅂ) 투 스머얼 캐비티(ㅈ)

💬 충치가 엄청 쑤셔요.

A decayed tooth aches awfully.
어 디케잇 투-쓰 에익(ㅅ) 어-펄리

💬 충치를 때워야겠어요.

I need to have my cavity filled in.
아이 니잇 투 해(ㅂ) 마이 캐비티 필 딘
I have to get a filling.
아이 해(ㅂ) 투 겟 어 필링

치과 - 기타

💬 찬 음식을 먹으면 이가 시려요.

My tooth hurts when I drink something cold.
마이 투-쓰 허-(ㅊ) 웬 아이 드링(ㅋ) 섬씽 코울(ㄷ)

💬 양치질할 때 잇몸에서 피가 나요.

When I brush my teeth, my gums bleed.
웬 아이 브러쉬 마이 티-쓰, 마이 검(ㅅ) 블리잇

💬 잇몸이 너무 부어 밤에 잠을 잘 수가 없어요.

My gums are so swollen that I can't sleep at night.
마이 검 사- 소우- 스월른 댓 아이 캔(ㅌ) 슬리입 앳 나잇

💬 축구를 하다가 치아가 부러졌어요.

I broke a tooth playing soccer.
아이 브로욱 어 투-쓰 플레잉 사커

💬 치아 세척을 받고 싶은데요.

I need to get my teeth cleaned.
아이 니잇 투 겟 마이 티-쓰 클리인(ㄷ)

💬 치아 미백을 받고 싶어요.

I want to bleach my teeth.
아이 원 투 블리-취 마이 티-쓰
I need to get tooth-whitening.
아이 니잇 투 겟 투-쓰 와잇(ㅌ)닝

💬 치실을 사용하시는 게 좋겠어요.

You need to start flossing your teeth.
유 니잇 투 스타-(트) 플러싱 유어 티-쓰

진료 기타

💬 생리를 건너뛰었어요.

I missed a monthly period.
아이 미스 터 먼쓰리 피-어리엇

💬 꽃가루 알레르기가 있어요.

I'm allergic to pollen.
아임 앨러직 투 팔런

💬 빈혈이 있어요.

I suffer from anemia.
아이 서퍼 프럼 애니-미어

💬 코피가 나요.

I have a nose bleed.
아이 해 버 노우(즈) 블리잇
I have a bloody nose.
아이 해 버 블러디 노우(즈)

💬 고혈압이 있어요.

I have high blood pressure.
아이 해(ㅂ) 하이 블러(ㄷ) 프레셔

💬 숙취가 있어요.

I have a hangover.
아이 해 버 행오우버

💬 식욕이 없습니다.

I have no appetite.
아이 해(ㅂ) 노우 애피타잇

💬 다리에 쥐가 났어요.

I've got a charley horse in my leg.
아이(ㅂ) 갓 어 촬리 허-(ㅅ) 인 마이 렉
I got a cramp in my foot.
아이 갓 어 크램 핀 마이 풋

💬 온몸에 온통 두드러기가 났어요.

I've got a strange rash all over my whole body.
아이(ㅂ) 갓 어 스츠레인쥐 래쉬 어얼 오우버 마이 호울 바디
A rash broke out over my whole body.
어 래쉬 브로욱 아웃 오우버 마이 호울 바디

💬 물집이 생겼어요.

> I have blisters.
> 아이 해(ㅂ) 블리스터(ㅅ)

💬 눈에 뭐가 들어갔어요.

> I've got something in my eyes.
> 아이(ㅂ) 갓 섬씽 인 마이 아이(ㅈ)
> I feel there is a foreign object in my eyes.
> 아이 피일 데어 이즈 어 퍼-런 업젝 틴 마이 아이(ㅈ)

💬 발가락이 동상에 걸렸어요.

> My toes are hurt by cold.
> 마이 토우 사- 허-(ㅌ) 바이 코울(ㄷ)

💬 입덧인 것 같아요.

> It may be morning sickness.
> 잇 메이 비- 머-닝 식니(ㅅ)

💬 모기에 물렸어요.

> I got bitten by mosquitoes.
> 아이 갓 빗든 바이 머스쿠이토우(ㅅ)

223

💬 건강했었는데요.

I've been in good health.
아이(ㅂ) 빈 인 굿 헬쓰

💬 온몸에 멍이 들었어요.

I'm black and blue all over.
아임 블랙 앤(ㄷ) 블루- 어얼 오우버

입원 & 퇴원

💬 입원 수속을 하려고 하는데요.

I've come to be admitted.
아이(ㅂ) 컴 투 비- 엇밋팃

💬 입원해야 합니까?

Do I have to enter the hospital?
두 아이 해(ㅂ) 투 엔터 더 하스피틀
Should I be hospitalized?
슈 다이 비- 하스피탈라이즛

💬 즉시 입원 수속을 해야 합니다.

You should be admitted right away.
유 슈(ㄷ) 비- 엇밋티(드) 라잇 어웨이

💬 얼마나 입원해야 합니까?

How long will I have to be in hospital?
하우 러엉 윌 아이 해(ㅂ) 투 비- 인 하스피틀

💬 입원에도 의료보험이 적용됩니까?

Will my insurance policy cover hospitalization?
윌 마이 인슈어런(ㅅ) 팔러시 커버 하스피틀리제이션

💬 가능하면 1인실로 해 주세요.

I would like to have a private room if possible.
아이 우(ㄷ) 라익 투 해 버 프라이빗 루움 이(ㅍ) 파서블

수술

💬 그는 위독한 상태입니다.

He's seriously ill.
히즈 시리어슬리 일
It doesn't look like he will make it.
잇 더즌(ㅌ) 룩 라익 히 윌 메익 잇

💬 이 달을 넘기기 힘들 것 같습니다.

I'm afraid he may not see this month out.
아임 어(ㅍ)레잇 히 메이 낫 시- 디스 먼쓰 아웃

💬 수술을 받아야 하나요?

Does he need surgery?
더즈 히 니잇 서저리
Do you have to operate on him?
두 유 해(ㅂ) 투 아퍼레잇 언 힘

💬 수술 받은 적이 있나요?

Have you ever had any operations?
해 뷰 에버 햇 애니 아퍼레이션(ㅅ)

- 제왕절개 수술을 했습니다.

    I had a C-section.
    아이 햇 어 씨- 섹션

- 맹장 수술을 했습니다.

    I had an appendectomy.
    아이 햇 언 애픈덱터미

병원비 & 보험

- 진찰료는 얼마입니까?

    How much will it be for this visit?
    하우 머취 윌 잇 비- 퍼 디스 비짓

- 건강보험이 있나요?

    Do you have health insurance?
    두 유 해(ㅂ) 헬쓰 인슈어런(ㅅ)

- 저는 건강보험에 가입되어 있어요.

    I have health insurance.
    아이 해(ㅂ) 헬쓰 인슈어런(ㅅ)

💬 저는 보험에 가입되어 있지 않아요.

I don't have insurance.
아이 도운(ㅌ) 해 빈슈어런(ㅅ)
I'm not covered by any insurance policy.
아임 낫 커버(ㄷ) 바이 애니 인슈어런(ㅅ) 팔러시

💬 모든 비용이 보험 적용이 되나요?

Does my insurance cover all the costs?
더즈 마이 인슈어런(ㅅ) 커버 어얼 더 커-슷(ㅊ)

💬 반액만 보험 적용이 됩니다.

It covers only half of the costs.
잇 커버(ㅅ) 오운리 하(ㅍ) 어(ㅂ) 더 커-슷(ㅊ)

💬 일부 의약품은 보험 적용이 안 됩니다.

Some kinds of medicine are not covered by insurance.
섬 카인 저(ㅂ) 메더신 아- 낫 커버(ㄷ) 바이 인슈어런(ㅅ)

문병

- 안됐군요. 몸조심하십시오.

    That's bad. Please take good care of yourself.
    댓(ㅊ) 뱃. 플리-(ㅈ) 테익 굿 캐어 어 뷰어셀(ㅍ)

- 빨리 회복되기를 바랍니다.

    I hope you will get well soon.
    아이 호웁 유 윌 겟 웰 수운
    I hope you'll be feeling better soon.
    아이 호웁 유일 비- 피-링 베더 수운

- 건강하십시오.

    Good luck.
    굿 럭

- 심각한 병이 아니길 바랍니다.

    I hope it's nothing serious.
    아이 호웁 잇(ㅊ) 나씽 시리어(ㅅ)

- 편찮으시다니 유감입니다.

    I'm sorry to hear you've been sick.
    아임 서-리 투 히어 유(ㅂ) 빈 식

💬 나아지셨다니 다행이네요.

I'm glad you're feeling better.
아임 글랫 유어 피-링 베터

처방전

💬 처방전을 써 드리겠습니다.

I'll prescribe some medicine.
아일 프리스크라입 섬 메더신
I'm going to write you a prescription.
아임 고우잉 투 라잇 유 어 프리스크립션

💬 사흘 치 약을 처방해 드리겠습니다.

I'll prescribe some medicine for 3 days.
아일 프리스크라입 섬 메더신 퍼 쓰리- 데이(ㅈ)

💬 약에 알레르기가 있습니까?

Are you allergic to any medicine?
아- 유 앨러직 투 애니 메더신

💬 이 약을 드시면 졸음이 올 겁니다.

It will make you feel a little drowsy.
잇 윌 메익 유 피일 어 리들 드라우지

💬 현재 복용하는 약이 있나요?

Are you taking any medication?
아- 유 테익킹 애니 메더케이션

💬 이 약에 부작용은 없나요?

Does this medicine have any side effects?
더즈 디스 메더신 해 배니 사이(ㄷ) 이펙(ㅊ)

Can I expect any side effects?
캔 아이 익스펙 테니 사이(ㄷ) 이펙(ㅊ)

💬 요즘 복용하는 약이 있나요?

Are you taking any medicine these days?
아- 유 테익킹 애니 메더신 디-즈 데이(ㅈ)

약국 - 복용 방법

💬 이 처방전대로 조제해 주시겠습니까?

Can I get this prescription filled?
캔 아이 겟 디스 프리스크립션 필(ㄷ)
Would you make up this prescription, please?
우 쥬 메익 업 디스 프리스크립션, 플리-(ㅈ)

💬 이 약은 어떻게 먹으면 됩니까?

How should I take this medicine?
하우 슈 다이 테익 디스 메더신

💬 몇 알씩 먹어야 하나요?

How many should I take?
하우 메니 슈 다이 테익

💬 얼마나 자주 약을 먹어야 하나요?

How often do I have to take the medicine?
하우 어-펀 두 아이 해(ㅂ) 투 테익 더 메더신

💬 다섯 시간마다 한 알씩 복용하세요.

Take one every 5 hours.
테익 원 에브리 파이(ㅂ) 아워(ㅅ)

💬 이 약을 하루 한 번 한 알씩 복용하세요.

Take this medicine, one capsule at a time.
테익 디스 메더신, 원 캡슐 앳 어 타임

💬 1일 3회, 식전에 복용하세요.

Three times a day before meals, please.
쓰리- 타임 저 데이 비퍼- 미일(ㅅ), 플리-(ㅈ)

약국-약 구입

💬 수면제 좀 주세요.

May I have some sleeping pills?
메이 아이 해(ㅂ) 섬 슬리-핑 필(ㅅ)

💬 진통제 있나요?

Is there any pain-killer?
이즈 데어 애니 페인 킬러

💬 이 약은 어떻게 먹어야 하나요?

How should I take this medicine?
하우 슈 다이 테익 디스 메더신

💬 반창고 한 통 주세요.

Give me a roll of adhesive tape.
기(ㅂ) 미 어 로울 어(ㅂ) 앳히-시(ㅂ) 테입

💬 생리대 있나요?

Do you carry sanitary napkins here?
두 유 캐리 새니터리 냅킨(ㅅ) 히어

💬 콘돔 좀 주시겠어요?

Can I have some rubbers?
캔 아이 해(ㅂ) 섬 러버(ㅅ)

💬 처방전 없이 약을 살 수 없습니다.

You can't buy it without the prescription.
유 캔(ㅌ) 바이 잇 위다웃 더 프리스크립션

Unit 4 은행 & 우체국

은행 계좌

💬 저축 계좌를 개설하고 싶습니다.

I'd like to open a bank account.
아이(ㄷ) 라익 투 오우펀 어 뱅 커카운(ㅌ)

💬 어떤 종류의 예금을 원하십니까?

What type of account do you want?
왓 타입 어 비카운(ㅌ) 두 유 원(ㅌ)

💬 저축예금인가요 아니면 당좌예금인가요?

A savings account or a checking account?
어 세이빙 서카운(ㅌ) 어 어 첵킹 어카운(ㅌ)

💬 이자율은 어떻게 됩니까?

What's the interest rate?
왓(ㅊ) 디 인터레슷 레잇

💬 신분증을 보여 주시겠어요?

Will you show me your ID card?
윌 유 쇼우 미 유어 아이디- 카-(ㄷ)
Can I see your photo ID, please?
캔 아이 시- 유어 포우토우 아이디-, 플리-(ㅈ)

235

💬 체크카드도 만드시겠습니까?

Would you like to apply for a check card, too?
우 쥬 라익 투 어플라이 퍼 러 첵 카-(ㄷ), 투-

💬 은행 계좌를 해지하고 싶습니다.

I'd like to close my bank account.
아이(ㄷ) 라익 투 클로우(ㅈ) 마이 뱅 커카운(ㅌ)

입출금

💬 지금부터 예금과 출금을 하셔도 됩니다.

From now on, you can deposit and withdraw.
프럼 나우 언, 유 캔 디파짓 앤(ㄷ) 윗드러-

💬 오늘 얼마를 예금하시겠습니까?

How much do you want to make for a deposit today?
하우 머취 두 유 원(ㅌ) 투 메익 퍼 러 디파짓 터데이

💬 500달러를 예금하려 합니다.

I'd like to make a deposit of 500 dollars.
아이(ㄷ) 라익 투 메익 어 디파짓 어(ㅂ)
파이(ㅂ) 헌드레(ㄷ) 달러(ㅈ)

I'd like to put this 500 dollars into my account.
아이(ㄷ) 라익 투 풋 디스 파이(ㅂ) 헌드레(ㄷ) 달러
진투 마이 어카운(ㅌ)

💬 100달러를 인출하려 합니다.

I want to withdraw 100 dollars from my account.
아이 원(ㅌ) 투 윗드러- 원 헌드레(ㄷ) 달러(ㅈ) 프럼
마이 어카운(ㅌ)

💬 얼마를 인출하려고 합니까?

How much do you want to withdraw?
하우 머취 두 유 원(ㅌ) 투 윗드러-

💬 제 계좌의 거래 내역을 확인하고 싶은데요.

I'd like to check the precious transactions on my account.

아이(ㄷ) 라익 투 첵 더 프레셔(ㅅ) 츠랜색션 선 마이 어카운(ㅌ)

송금

💬 이 계좌로 송금해 주세요.

Please transfer the funds to this account.

플리-(ㅈ) 츠랜스퍼 더 펀(ㅈ) 투 디스 어카운(ㅌ)

💬 국내 송금인가요 해외 송금인가요?

Is that a domestic or a foreign remittance?

이즈 댓 어 더메스틱 어 어 퍼-런 리밋턴(ㅅ)

💬 캐나다로 송금하고 싶습니다.

I'd like to make a remittance to Canada.

아이(ㄷ) 라익 투 메익 어 리밋턴(ㅅ) 투 캐너더

I want to do a wire transfer to Canada.
아이 원(트) 투 두 어 와이어 츠랜스퍼 투 캐너더

💬 은행 이체 수수료가 있습니까?

Is there a bank fee for transferring money?
이즈 데어 어 뱅(ㅋ) 피- 퍼 츠랜스퍼링 머니

💬 수수료는 3달러입니다.

There's a 3 dollar charge.
데어 저 쓰리- 달러 차-쥐

ATM 사용

💬 현금 자동지급기는 어디에 있나요?

Where are the ATM machines?
웨어 아- 더 에이티-엠 머쉰(ㅅ)

💬 개인 수표와 ATM 카드를 사용할 수 있나요?

Can I use personal checks and an ATM card with it?
캔 아이 유-(ㅈ) 퍼-스널 첵 샌 던 에이티-엠 카-(ㄷ) 윗 잇

💬 어떻게 돈을 입금하나요?

How do I make a deposit?
하우 두 아이 메익 어 디파짓

💬 여기에 카드를 넣어 주세요.

Please insert your card here.
플리-(ㅈ) 인서-(ㅌ) 유어 카-(ㄷ) 히어

💬 비밀번호를 입력하세요.

Please enter your PIN number.
플리-(ㅈ) 엔터 유어 핀 넘버

💬 계좌 잔고가 부족합니다.

Your balance is insufficient.
유어 밸런 시즈 인서피션(ㅌ)

💬 잔액조회 버튼을 누르세요.

Please press the account balance key.
플리-(ㅈ) 프레(ㅅ) 디 어카운(ㅌ) 밸런(ㅅ) 키-

ATM 현금카드

💬 현금 지급기는 몇 시까지 사용 가능한가요?

What are the service hours for this cash machine?
왓 아- 더 서-비(ㅅ) 아워(ㅅ) 퍼 디스 캐쉬 머쉰

💬 현금 자동지급기 사용에 문제가 생겼어요.

I'm having some trouble using the ATM.
아임 해빙 섬 츠러블 유-징 디 에이티-엠

💬 기계가 카드를 먹어버렸어요.

The ATM ate my card.
디 에이티-엠 애잇 마이 카-(ㄷ)
My card got stuck inside the machine.
마이 카-(ㄷ) 갓 스턱 인사이(ㄷ) 더 머쉰

💬 현금카드가 손상됐어요.

My ATM card has been damaged.
마이 에이티-엠 카-(드) 해즈 빈 대미쥐(드)

💬 현금카드를 재발급받고 싶은데요.

I'd like to have my ATM card reissued.
아이(드) 라익 투 해(브) 마이 에이티-엠 카-(드) 리이슈웃

신용카드

💬 신용카드를 신청하고 싶은데요.

I want to apply for a credit card.
아이 원(트) 투 어플라이 퍼 어 크레딧 카-(드)
I'd like to get a credit card.
아이(드) 라익 투 겟 어 크레딧 카-(드)

💬 카드가 언제 발급되나요?

When will it be issued?
웬 윌 잇 비- 이슈-(드)

- 💬 사용 한도액이 어떻게 되나요?

    How much is the limit for this card?
    하우 머취 이즈 더 리밋 퍼 디스 카-(ㄷ)

- 💬 유효 기간은 언제인가요?

    When is the expiry date of this credit card?
    웬 이즈 디 익스파이어리 데잇 어(ㅂ) 디스 크레딧 카-(ㄷ)

- 💬 최근 신용카드 사용 내역을 확인하고 싶은데요.

    I want to check my latest credit card statement.
    아이 원(ㅌ) 투 첵 마이 레이티슷 크레딧 카-(ㄷ) 스테잇먼(ㅌ)

- 💬 신용카드를 도난당했어요. 해지해 주세요.

    I had my credit card stolen. Please cancel it.
    아이 햇 마이 크레딧 카-(ㄷ) 스토울런. 플리-(ㅈ) 캔설 잇

243

💬 신용카드를 과용해서 빚을 졌어요.

I am in debt from excessive credit card use.
아이 앰 인 뎃 프럼 익세시(ㅂ) 크레딧 카-(ㄷ) 유-(ㅈ)

환전

💬 환전할 수 있습니까?

Do you exchange foreign currency?
두 유 익스체인쥐 퍼-런 커-런시

💬 원화를 달러로 환전하고 싶습니다.

I'd like to exchange Korean won to US dollars.
아이(ㄷ) 라익 투 익스체인쥐 커리-언 원 투 유-에(ㅅ) 달러(ㅈ)

💬 여행자 수표를 달러로 환전하고 싶은데요.

I want to change a traveler's check into dollars.
아이 원(ㅌ) 투 체인쥐 어 츠래블러(ㅅ) 첵 인투 달러(ㅈ)

💬 환전한 금액의 10%를 수수료로 받고 있습니다.

We get a 10% commission of the exchanged amount.
위 겟 어 텐 퍼센(ㅌ) 커미션 어(ㅂ) 디 익스체인쥐 더마운(ㅌ)

💬 전액 10달러 지폐로 주세요.

Please give it to me in 10 dollars bills.
플리-(ㅈ) 기 빗 투 미 인 텐 달러(ㅈ) 빌(ㅅ)

💬 길 건너편에 환전소가 있습니다.

There is a change booth across the street.
데어 이즈 어 체인쥐 부-쓰 어크러-(ㅅ) 더 스츠리잇

환율

💬 오늘 환율이 어떻게 됩니까?

What's the current exchange rate?
왓(ㅊ) 더 커렌(ㅌ) 익스체인쥐 레잇

💬 오늘 달러 환율이 어떻게 되나요?

What's today's rate for U.S. dollars?
왓(ㅊ) 터데이(ㅅ) 레잇 퍼 유-에(ㅅ) 달러(ㅈ)

💬 원화를 달러로 바꾸는 환율이 어떻게 되나요?

What's the rate for won to dollars?
왓(ㅊ) 더 레잇 퍼 원 투 달러(ㅈ)

💬 오늘 환율은 1달러에 1,300원입니다.

Today's exchange rate is 1,300 won to a dollar.
터데이(ㅅ) 익스체인쥐 레잇 이즈 원 싸우전(ㄷ) 쓰리- 헌드레(ㄷ) 원 투 어 달러

💬 1달러에 1,200원의 환율로 환전했어요.

I exchanged money at the rate of 1,200 won to the U.S. dollar.
아이 익스체인쥐(ㄷ) 머니 앳 더 레잇 어(ㅂ) 트웰(ㅂ) 헌드레(ㄷ) 원 투 디 유-에(ㅅ) 달러

💬 환율은 벽에 게시되어 있습니다.

The exchange rates have been posted on the wall.
디 익스체인쥐 레잇(ㅊ) 해(ㅂ) 빈 포우스팃 언 더 워얼

💬 환율이 최저치로 떨어졌어요.

The exchange rate has fallen to its lowest point.
디 익스체인쥐 레잇 해즈 풔얼런 투 잇(ㅊ) 로우이슷 풔인(ㅌ)

대출 상담

💬 대출을 받고 싶습니다.

I'd like to take out a loan.
아이(ㄷ) 라익 투 테익 아웃 어 로운
I want to apply for a loan.
아이 원(ㅌ) 투 어플라이 퍼 어 로운
Could I get a loan?
쿠 다이 겟 어 로운

💬 대출에 대해 상담하고 싶습니다.

I'd like to discuss a bank loan.
아이(ㄷ) 라익 투 디스커 서 뱅(ㅋ) 로운
I want to talk about applying for a loan.
아이 원(ㅌ) 투 터억 어바웃 어플라잉 퍼 어 로운

💬 대출받는데 필요한 사항을 알고 싶습니다.

I want to find out what is necessary to get a loan.
아이 원(트) 투 파인 다웃 왓 이즈 네세서리 투 겟 어 로운

💬 제가 대출받을 자격이 되나요?

Would I qualify for the loan?
우 다이 쿠얼리파이 퍼 더 로운
Am I eligible for the loan?
앰 아이 엘리저블 퍼 더 로운

💬 제 대출이 승인되었나요?

Has my loan been approved?
해즈 마이 로운 빈 어프루-봇

대출 이자율

💬 학자금 대출을 받으려고 해요.

I'm going to take out a loan to pay my tuition.
아임 고우잉 투 테익 아웃 어 로운 투 페이 마이 튜-이션

💬 주택 융자를 받을 수 있을까요?

Can I get a housing loan?
캔 아이 겟 어 하우징 로운

💬 저는 집을 담보로 대출을 받았어요.

I put my house up as collateral for the loan.
아이 풋 마이 하우 섭 애(ㅈ) 컬래터럴 퍼 더 로운
I made a loan on my house.
아이 메잇 어 로운 언 마이 하우(ㅅ)

💬 이자율이 얼마입니까?

What is the interest rate?
왓 이즈 디 인터레슷 레잇
Can you give me the interest rate?
캔 유 기(ㅂ) 미 디 인터레슷 레잇
What kind of interest rate can I get?
왓 카인 더(ㅂ) 인터레슷 레잇 캔 아이 겟

💬 그 대출에는 15%의 이자가 붙습니다.

The loan carries 15% interest.
더 로운 캐리(ㅈ) 핍틴 퍼센(ㅌ) 인터레슷

💬 6부 이자로 대출을 받았어요.

I made a loan at 6% interest.
아이 메잇 어 로운 앳 식(ㅅ) 퍼센(ㅌ) 인터레슷

💬 대출 한도액이 어떻게 되나요?

What's my credit limit?
왓(ㅊ) 마이 크레딧 리밋

대출 보증

💬 보증인 없이도 대출이 가능한가요?

Can I get a loan as the sole signatory?
캔 아이 겟 어 로운 애(ㅈ) 더 소울 식너터-리

💬 담보 없이 은행 대출을 받을 수 없습니다.

You can't usually get a bank loan without collateral.
유 캔(ㅌ) 유-쥬얼리 겟 어 뱅(ㅋ) 로운 위다옷 컬래터럴

💬 제 보증 좀 서 주시겠어요?

Can you guarantee my loan?
캔 유 개런티- 마이 로운

💬 내가 보증을 서 줄게요.

I'll cosign your loan.
아일 코우사인 유어 로운

💬 대출 받는데 얼마나 걸릴까요?

How long will it take to get a loan?
하우 러엉 윌 잇 테익 투 겟 어 로운

💬 주택 대출 상환금이 석 달째 연체됐어요.

The payments on my house loan are in arrears by 3 months.
더 페이먼 천 마이 하우(ㅅ) 로운 아- 인 어리어(ㅅ)
바이 쓰리- 먼쓰(ㅈ)

💬 저는 융자금을 이미 갚았어요.

I've already repaid the loan.
아이(ㅂ) 어얼레디 리페잇 더 로운
I've paid back the loan already.
아이(ㅂ) 페잇 백 더 로운 어얼레디

은행 기타

💬 제 계좌 잔고를 알 수 있을까요?

Can you tell me how much I have in my account?
캔 유 텔 미 하우 머취 아이 해 빈 마이 어카운(트)

I would like to know how much the balance is.
아이 우(드) 라익 투 노우 하우 머취 더 밸런 시즈

💬 이상한 거래 내역이 있는지 정기적으로 계좌를 확인해야 합니다.

You should check your account regularly for any odd transactions.
유 슈(드) 첵 유어 어카운(트) 레귤러리 퍼 애니 앗 츠랜색션(스)

💬 인터넷 뱅킹을 신청하고 싶은데요.

I want to start Internet banking.
아이 원(트) 투 스타-(트) 인터-넷 뱅킹

💬 번호표를 뽑고 잠시 기다려 주세요.

Please take a waiting number ticket out and wait for a while.
플리-(ㅈ) 테익 어 웨이팅 넘버 티킷 아웃 앤(ㄷ) 웨잇 퍼 어 와일

💬 잔돈으로 교환해 주시겠어요?

Could you break this, please?
쿠 쥬 브레익 디스, 플리-(ㅈ)
Can you break this into small money?
캔 유 브레익 디스 인투 스머얼 머니

💬 이 수표에 이서해 주시겠어요?

Could you endorse this check, please?
쿠 쥬 인더-(ㅅ) 디스 첵, 플리-(ㅈ)

편지 발송

💬 50센트짜리 우표 세 장 주세요.

Could I have three 50 cent stamps?
쿠 다이 해(ㅂ) 쓰리- 핍티 센(ㅌ) 스탬(ㅅ)

💬 이 편지 요금이 얼마입니까?

How much is the postage for this letter?
하우 머취 이즈 더 포우스티쥐 퍼 디스 레더

💬 보통 우편인가요 빠른 우편인가요?

By regular mail or express?
바이 레귤러 메일 어 익스프레(ㅅ)

💬 빠른 우편으로 보내는 비용은 얼마인가요?

How much is it to send this letter by express mail?
하우 머취 이즈 잇 투 센(ㄷ) 디스 레더 바이 익스프레(ㅅ) 메일

💬 등기 우편으로 보내고 싶은데요.

Please register this letter.
플리-(ㅈ) 레지스터 디스 레더
Send this letter by registered mail, please.
센(ㄷ) 디스 레더 바이 레지스터(ㄷ) 메일, 플리-(ㅈ)

💬 우편 요금은 착불입니다.

Postage will be paid by the addressee.
포우스티쥐 윌 비- 페잇 바이 디 애드레시-

소포 발송

💬 소포 무게 좀 달아주시겠어요?

Would you weigh this parcel?
우 쥬 웨이 디스 파-설

💬 이 소포를 포장해 주세요.

Please wrap this parcel in package paper.
플리-(즈) 렙 디스 파-설 인 팩키쥐 페이퍼

💬 소포의 내용물은 무엇입니까?

What does your parcel contain?
왓 더즈 유어 파-설 컨테인
What is contained in it?
왓 이즈 컨테인 딘 잇

💬 조심해 주세요! 깨지기 쉬운 물건입니다.

Please be careful! This parcel is fragile.
플리-(ㅈ) 비- 케어펄! 디스 파-설 이즈 프래절

💬 만일을 대비해 소포를 보험에 가입해 주세요.

Please insure this parcel just in case.
플리-(ㅈ) 인슈어 디스 파-설 저슷 인 케이(ㅅ)

💬 도착하려면 얼마나 걸리나요?

How long does it take to reach there?
하우 러엉 더즈 잇 테익 투 리-취 데어
When will my parcel get there?
웬 윌 마이 파-설 겟 데어

💬 이틀 후에 도착할 겁니다.

It takes 2 days to reach there.
잇 테익(ㅅ) 투- 데이(ㅈ) 투 리-취 데어
It'll get there 2 days later.
잇일 겟 데어 투- 데이(ㅈ) 레이터

우체국 기타

💬 이 소포를 일본으로 보내려고 합니다.

I'd like send this parcel to Japan.
아이(드) 라익 센(드) 디스 파-설 투 재팬

💬 항공편인가요 배편인가요?

By airmail or surface mail?
바이 에어메일 어 서-피(스) 메일

💬 항공 우편 요금은 얼마인가요?

What is the rate for airmail?
왓 이즈 더 레잇 퍼 에어 메일

💬 전보를 보내고 싶습니다.

I want to send a telegram.
아이 원(트) 투 센 더 텔리그램
I would like to send a wire.
아이 우(드) 라익 투 센 더 와이어
A telegram blank, please.
어 텔리그램 블랭(ㅋ), 플리-(ス)

💬 한 글자에 얼마입니까?

How much is it per word?
하우 머취 이즈 잇 퍼 워-(드)

💬 우편환을 보내고 싶습니다.

I'd like to send a money order.
아이(ㄷ) 라익 투 센 더 머니 어-더

💬 판매용 기념우표를 취급하나요?

Do you have any commemorative stamps for sale?
두 유 해 배니 커메머레이티(ㅂ) 스탬(ㅅ) 퍼 세일

Unit 5 미용실

미용실 상담

💬 헤어스타일을 새롭게 바꾸고 싶어요.

I need a new hair style.
아이 니잇 어 누- 헤어 스타일

I'd like to go for a new hair style.
아이(드) 라익 투 고우 퍼 러 누- 헤어 스타일

💬 어떤 스타일로 해 드릴까요?

How would you like your hair?
하우 우 쥬 라익 유어 헤어

What will it be today?
왓 윌 잇 비- 터데이

💬 헤어스타일 책을 보여 드릴까요?

May I show you a hair style book?
메이 아이 쇼우 유 어 헤어 스타일 북

💬 알아서 어울리게 해 주세요.

I'll leave it up to you.
아일 리- 빗 업 투 유

Just do whatever is best for me.
저슷 두 왓에버 이즈 베슷 퍼 미

💬 이 사진 속의 모델처럼 하고 싶어요.

I want to look like the model in this photo.
아이 원(ㅌ) 투 룩 라익 더 마들 인 디스 포우토우

커트

💬 머리를 자르고 싶어요.

I need to get my hair cut.
아이 니잇 투 겟 마이 헤어 컷

💬 어떻게 잘라 드릴까요?

How do you want it cut?
하우 두 유 원(ㅌ) 잇 컷

💬 이 정도 길이로 해 주세요.

Leave them this long, please.
리-(ㅂ) 뎀 디스 러엉, 플리-(ㅈ)
Make them this long, please.
메익 뎀 디스 러엉, 플리-(ㅈ)

💬 어깨에 오는 길이로 잘라 주시겠어요?

Can you cut it shoulder length?
캔 유 컷 잇 쇼울더 렝쓰

💬 머리를 짧게 자르고 싶어요.

I'd like to have my hair cut short.
아이(ㄷ) 라익 투 해(ㅂ) 마이 헤어 컷 셔-(ㅌ)
I want it short.
아이 원(ㅌ) 잇 셔-(ㅌ)

💬 머리끝 약간만 잘라 주세요.

Please take a few inches off the ends.
플리-(ㅈ) 테익 어 퓨- 인취 서-(ㅍ) 디 엔(ㅈ)

💬 끝만 살짝 다듬어 주시겠어요?

Could you just trim the end?
쿠 쥬 저슷 츠림 디 엔(ㄷ)
I just want a trim, please.
아이 저슷 원(ㅌ) 어 츠림, 플리-(ㅈ)
Just a trim, please.
저슷 어 츠림, 플리-(ㅈ)

💬 스포츠형으로 짧게 잘라 주세요.

I want a crew cut.
아이 원(ㅌ) 어 크루- 컷

261

💬 단발머리를 하고 싶어요.

I'd like to wear bobbed hair.
아이(ㄷ) 라익 투 웨어 밥(ㄷ) 헤어
Please cut my hair in a bob-type style.
플리-(ㅈ) 컷 마이 헤어 인 어 밥 타입 스타일

💬 앞머리도 잘라 주세요.

I'd like to have bangs, too.
아이(ㄷ) 라익 투 해(ㅂ) 뱅(ㅅ), 투-

💬 앞머리는 그대로 두세요.

I'd like to keep my bangs.
아이(ㄷ) 라익 투 키입 마이 뱅(ㅅ)
Please don't cut the bangs.
플리-(ㅈ) 도운(ㅌ) 컷 더 뱅(ㅅ)

💬 머리숱을 좀 쳐 주세요.

I want my hair thinned out.
아이 원(ㅌ) 마이 헤어 씬 다웃

💬 머리에 층을 내 주세요.

I want my hair layered.
아이 원(ㅌ) 마이 헤어 레이어(ㄷ)

💬 너무 짧게 자르지 마세요.

Don't cut it too short.
도운(ㅌ) 컷 잇 투- 셔-(ㅌ)
Not too short, please.
낫 투- 셔-(ㅌ), 플리-(ㅈ)

퍼머

💬 퍼머해 주세요.

I want to get a perm.
아이 원(ㅌ) 투 겟 어 퍼엄
I'd like a perm, please.
아이(ㄷ) 라익 어 퍼엄, 플리-(ㅈ)
I'd like to curl my hair.
아이(ㄷ) 라익 투 커얼 마이 헤어

💬 어떤 퍼머를 원하세요?

What kind of perm do you want?
왓 카인 더(ㅂ) 퍼엄 두 유 원(ㅌ)

💬 스트레이트 퍼머로 해 주세요.

I want to get rid of my curls.
아이 원(ㅌ) 투 겟 릿 어(ㅂ) 마이 커얼(ㅅ)

💬 웨이브 퍼머로 해 주세요.

I want my hair waved.
아이 원(트) 마이 헤어 웨이븟

💬 부드러운 웨이브로 해 주세요.

I want a soft perm.
아이 원 터 소픗 퍼엄

💬 너무 곱슬거리게 말지는 마세요.

Don't curl my hair too much, please.
도운(트) 커얼 마이 헤어 투- 머취, 플리-(즈)

💬 퍼머가 잘 나왔네요.

Your perm came out nicely.
유어 퍼엄 케임 아웃 나이슬리

염색

💬 머리를 염색해 주세요.

I'd like to have my hair dyed, please.
아이(ㄷ) 라익 투 해(ㅂ) 마이 헤어 다잇, 플리-(ㅈ)
I'd like to get my hair dyed.
아이(ㄷ) 라익 투 겟 마이 헤어 다잇
I want to have my hair colored.
아이 원(ㅌ) 투 해(ㅂ) 마이 헤어 컬러(ㄷ)

💬 어떤 색으로 하시겠어요?

What color do you want your hair dyed?
왓 컬러 두 유 원(ㅌ) 유어 헤어 다잇

💬 갈색으로 염색해 주실래요?

Can you color my hair brown?
캔 유 컬러 마이 헤어 브라운
I want to dye my hair brown.
아이 원(ㅌ) 투 다이 마이 헤어 브라운

💬 금발로 하고 싶어요.

Can you make me a blonde?
캔 유 메익 미 어 블란(ㄷ)

💬 밝은색으로 염색하면 어려 보일 거예요.

Highlighting makes you look younger.
하이라잇팅 메익 슈 룩 영거

💬 탈색하는 건 좀 싫은데요.

I'm afraid of bleaching my hair.
아임 어(프)레잇 어(ㅂ) 블리칭 마이 헤어

💬 우리 엄마 머리가 온통 흰머리예요.

My mom has a full head of gray hair.
마이 맘 해즈 어 풀 헷 어(ㅂ) 그레이 헤어

네일

💬 손톱 손질을 받고 싶은데요.

I want to have my nails done.
아이 원(ㅌ) 투 해(ㅂ) 마이 네일(ㅅ) 던

💬 매니큐어는 어떤 색이 있나요?

What colors of nail polish do you have?
왓 컬러 서(ㅂ) 네일 팔리쉬 두 유 해(ㅂ)

💬 이 색은 마음에 안 들어요.

I do like this color on me.
아이 두 라익 디스 컬러 언 미

💬 손톱을 다듬어 주세요.

I want my nails trimmed.
아이 원(ㅌ) 마이 네일(ㅅ) 츠림(ㄷ)
Can you file my nails down?
캔 유 파일 마이 네일(ㅅ) 다운

💬 저는 손톱이 잘 부러지는 편이에요.

My nails are easily broken.
마이 네일 사- 이-질리 브로우큰

💬 발톱 손질도 해 드릴까요?

Do you want your toenails polished, too?
두 유 원(ㅌ) 유어 토우네일(ㅅ) 팔리쉬(ㅌ), 투-

미용실 기타

💬 저는 머리숱이 무척 많아요.

My hair is very thick.
마이 헤어 이즈 베리 씩

💬 저는 가르마를 왼쪽으로 타요.

I part my hair to the left.
아이 파-(트) 마이 헤어 투 더 레픗

💬 평소에는 머리를 묶고 다니는 편이에요.

I usually wear my hair up.
아이 유-주얼리 웨어 마이 헤어 업

💬 그냥 드라이만 해 주세요.

Just blow-dry my hair, please.
저슷 블로우 드라이 마이 헤어, 플리-(ㅈ)

💬 면도해 주세요.

I'd like to get a shave.
아이(ㄷ) 라익 투 겟 어 쉐이(ㅂ)

💬 머리결이 손상됐네요.

Your hair has been damaged severely.
유어 헤어 해즈 빈 대미쥐(ㄷ) 시비어리

💬 머리카락 끝이 다 갈라졌어요.

I have so many split ends.
아이 해(ㅂ) 소우- 메니 스플릿 엔(ㅈ)

Unit 6 **세탁소**

세탁물 맡기기

💬 이 옷들은 세탁소에 맡길 거예요.

I'm going to take these clothes to the cleaners.
아임 고우잉 투 테익 디-즈 클로우(ㅈ) 투 더 클리-너(ㅅ)

💬 이 양복을 세탁소에 좀 맡겨 주시겠어요?

Can you put this suit in at the laundry?
캔 유 풋 디스 수웃 인 앳 더 러언드리

💬 이 양복을 세탁해 주세요.

Please clean this suit.
플리-(ㅈ) 클리인 디스 수웃
I want to have this suit washed.
아이 원(ㅌ) 투 해(ㅂ) 디스 수웃 워쉬(ㅌ)

💬 이 바지를 좀 다려 주세요.

I'd like these pants to be pressed.
아이(ㄷ) 라익 디-즈 팬(ㅊ) 투 비- 프레슷

💬 이 코트를 드라이클리닝 해 주세요.

Could I get this coat dry cleaned?
쿠 다이 겟 디스 코옷 드라이 클리인(ㄷ)
I need my coat dry-cleaned.
아이 니잇 마이 코옷 드라이 클리인(ㄷ)

💬 다음 주 월요일까지 세탁해 주세요.

I'll need this suit cleaned by next Monday.
아일 니잇 디스 수웃 클리인(ㄷ) 바이 넥슷 먼데이

세탁물 찾기

💬 언제 찾아갈 수 있나요?

When can I get it back?
웬 캔 아이 겟 잇 백
When will it be ready?
웬 윌 잇 비- 레디

💬 세탁물을 찾고 싶은데요.

I want to pick up my laundry.
아이 원(ㅌ) 투 픽 업 마이 러언드리

💬 제 세탁물은 다 됐나요?

Is my laundry ready?
이즈 마이 러언드리 레디

💬 여기 세탁물 보관증입니다.

Here's my claim ticket.
히어(ㅅ) 마이 클레임 티킷

💬 세탁비는 얼마인가요?

What's the charge for cleaning?
왓(ㅊ) 더 차-쥐 퍼 클리-닝

💬 코트 한 벌 드라이클리닝 비용은 얼마인가요?

How much do you charge to dry-clean a coat?
하우 머취 두 유 차-쥐 투 드라이 클리인 어 코웃

세탁물 확인

💬 제가 맡긴 세탁물이 다 됐는지 확인하려고 전화했습니다.

I'm calling to see if my laundry is ready.
아임 커-링 투 시- 이(ㅍ) 마이 러언드리 이즈 레디

I'd like to check if my laundry is ready.
아이(ㄷ) 라익 투 첵 이(ㅍ) 마이 러언드리 이즈 레디

💬 드라이클리닝 맡긴 게 다 됐다는 메시지를 받았어요. 몇 시까지 하세요?

I got a message that my dry cleaning is ready. What are your hours?
아이 갓 어 메시쥐 댓 마이 드라이 클리-닝 이즈 레디. 왓 아- 유어 아워(ㅈ)

💬 이거 다림질이 잘 안 된 것 같은데요.

I'm afraid this hasn't been ironed well.
아임 어(ㅍ)레잇 디스 해즌(ㅌ) 빈 아이언(ㄷ) 웰

💬 카펫도 세탁이 가능한가요?

Can you clean carpets, too?
캔 유 클리인 카-핏(ㅊ), 투-

얼룩 제거

💬 얼룩 좀 제거해 주시겠어요?

Can you get this stain out?
캔 유 겟 디스 스테인 아웃

💬 이 바지의 얼룩 좀 제거해 주시겠어요?

Could you take out the stains on these pants?
쿠 쥬 테익 아웃 더 스테인 선 디-즈 팬(ㅊ)

💬 드레스에 커피를 쏟았어요.

I spilled coffee all over my dress.
아이 스필(ㄷ) 커-피 어얼 오우버 마이 드레(ㅅ)

💬 이 얼룩은 빨아서 지워지지 않아요.

This stain won't wash out.
디스 스테인 워운(ㅌ) 워쉬 아웃

💬 드라이클리닝을 하면 얼룩을 지울 수 있어요.

The dry cleaner can remove the stain.
더 드라이 클리-너 캔 리무-(ㅂ) 더 스테인

💬 얼룩이 제대로 빠지지 않았어요.

You didn't remove this stain.
유 디든(ㅌ) 리무-(ㅂ) 디스 스테인
The stain didn't come out.
더 스테인 디든(ㅌ) 컴 아웃

수선

💬 옷 수선도 잘하시나요?

Do you fix clothes as well?
두 유 픽(ㅅ) 클로우(ㅈ) 애(ㅈ) 웰

💬 이 코트를 좀 수선해 주세요.

Could you mend this coat?
쿠 쥬 멘(ㄷ) 디스 코웃

💬 이 바지 길이를 좀 줄여 주세요.

I'd like to have the pants shortened.
아이(ㄷ) 라익 투 해(ㅂ) 더 팬(ㅊ) 셔-튼(ㄷ)

💬 이 바지 길이를 좀 늘여 주실래요?

Could you lengthen the pants?
쿠 쥬 렝쎈 더 팬(ㅊ)

💬 지퍼가 떨어졌는데 바꿔 주시겠어요?

This zipper fell off. Can you replace it?
디스 집퍼 펠 어-(ㅍ). 캔 유 리플레이 싯

💬 보이지 않게 수선해 주세요.

Can you repair it not to tell it was ripped?
캔 유 리페어 잇 낫 투 텔 잇 워즈 립(ㅌ)

💬 죄송하지만 수선은 할 수 없는데요.

I'm sorry I can't fix that.
아임 서-리 아이 캔(ㅌ) 픽(ㅅ) 댓

💬 단추를 달아 주시겠어요?

Can you put on button?
캔 유 풋 언 벗든

Unit 7 렌터카 & 주유소

렌터카 - 대여 & 차종

💬 이번 토요일에 차 한 대 빌리고 싶습니다.

Can I rent a car this Saturday?
캔 아이 렌 터 카- 디스 세터데이
I'd like to take the car this Saturday.
아이(ㄷ) 라익 투 테익 더 카- 디스 새터데이

💬 어떤 차를 원하십니까?

What kind of car do you want?
왓 카인 더(ㅂ) 카- 두 유 원(ㅌ)
Do you care of any particular type?
두 유 캐어 어 배니 퍼티큘러 타입

💬 밴을 빌리고 싶어요.

I'd like to rent a van.
아이(ㄷ) 라익 투 렌 터 밴

💬 소형차를 빌리고 싶어요.

I want a compact car.
아이 원 터 컴팩(ㅌ) 카-

💬 오토매틱으로만 운전할 수 있어요.

I can drive only an automatic.
아이 캔 드라이(ㅂ) 오운리 언 어-터매틱

💬 어느 정도 운전할 예정입니까?

How long will you need it?
하우 러엉 윌 유 니이 딧

💬 5일간 빌리고 싶습니다.

I'd like to rent a car for 5 days.
아이(ㄷ) 라익 투 렌 터 카- 퍼 파이(ㅂ) 데이(ㅈ)

💬 가능하면 지금 바로 빌리고 싶습니다.

I'd like to pick it up right now if possible.
아이(ㄷ) 라익 투 픽 잇 업 라잇 나우 이(ㅍ) 파서블

렌터카 - 요금 & 반납

💬 렌탈 요금은 어떻게 됩니까?

What's your rental fee?
왓(ㅊ) 유어 렌틀 피-

💬 하루에 50달러입니다.

50 dollars per day.
핍티 달러(ㅈ) 퍼 데이

💬 보험을 가입하시겠어요?

Do you want insurance?
두 유 원(ㅌ) 인슈어런(ㅅ)

💬 종합 보험을 가입해 주세요.

With comprehensive insurance, please.
윗 캄프리헨시(ㅂ) 인슈어런(ㅅ), 플리-(ㅈ)
With full coverage, please.
윗 풀 커버리쥐, 플리-(ㅈ)

💬 어디로 반납해야 하나요?

Where should I leave the car?
웨어 슈 다이 리-(ㅂ) 더 카-

💬 전국 지점 어느 곳으로나 반납이 가능합니다.

You can return the car to any branch all over the country.
유 캔 리터언 더 카- 투 애니 브랜취 어얼 오우버 더 컨츠리

주유소

💬 이 근처에 주유소가 있나요?

Is there a gas station around here?
이즈 데어 어 개(ㅅ) 스테이션 어라운(ㄷ) 히어

💬 주유소에 들려요.

Let's pull up to that gas station.
렛(ㅊ) 풀 업 투 댓 개(ㅅ) 스테이션

💬 가장 가까운 주유소가 어디에 있나요?

Can you direct me to the nearest gas station?
캔 유 디렉(ㅌ) 미 투 더 니어리슷 개(ㅅ) 스테이션

💬 기름은 충분해?

Do you have enough gas?
두 유 해(ㅂ) 이넙 개(ㅅ)

💬 기름이 떨어져 가는데.

We're running low on gas.
위어 러닝 로우 언 개(ㅅ)

💬 기름이 다 떨어졌어. 주유소가 어디에 있지?

I'm all out of gasoline. Where's the gas station?
아임 어얼 아웃 어(ㅂ) 개솔린. 웨어즈 더 개(ㅅ) 스테이션

💬 다음 주유소에서 차를 멈춥시다.

Pull over at the next gas station.
풀 오우버 앳 더 넥슷 개(ㅅ) 스테이션

💬 저 주유소에 잠시 들렀다 가자, 기름 좀 넣어야 해.

Let's stop at the gas station, I need some gas.
렛(ㅊ) 스탑 앳 더 개(ㅅ) 스테이션, 아이 니잇 섬 개(ㅅ)

💬 그는 주유소에서 차에 기름을 넣고 있어요.

He is putting some oil into the car at the gas station.
히 이즈 푸딩 섬 어일 인투 더 카- 앳 더 개(ㅅ) 스테이션

💬 기름 가득 채워 주세요.

Top it up.
탑 잇 업
Fill it up, please.
필 잇 업, 플리-(ㅈ)
Fill her up.
필 허 업

💬 무연 휘발유로 가득 넣어 주세요.

Fill it up with unleaded, please.
필 잇 업 윗 언레이딧, 플리-(ㅈ)

💬 20달러어치 넣어 주세요.

Fill her up to 20 dollars.
필 허 업 투 트웬티 달러(ㅈ)

세차 & 정비

💬 세차해 주세요.

Wash it down, please.
워쉬 잇 다운, 플리-(ㅈ)
Would you give the car a wash?
우 쥬 기(ㅂ) 더 카- 어 워쉬

💬 세차하고 왁스를 발라 주세요.

Could you wash and wax the car?
쿠 쥬 워쉬 앤(ㄷ) 왝(ㅅ) 더 카-

💬 세차 비용은 얼마인가요?

How much is it to wash the car?
하우 머취 이즈 잇 투 워쉬 더 카-

💬 배터리가 떨어졌어요. 좀 봐 주시겠어요?

The battery is dead. Could you see it?
더 배더리 이즈 뎃. 쿠 쥬 시- 잇
Would you check the battery?
우 쥬 첵 더 배더리

💬 충전해 주세요.

I need to fill up my car.
아이 니잇 투 필 업 마이 카-

💬 타이어 점검해 주세요.

Would you check my tires?
우 쥬 첵 마이 타이어(ㅅ)

💬 엔진오일 좀 봐 주시겠어요?

Check the oil, please.
첵 디 어일, 플리-(ㅈ)

Unit 8 영화관 & 기타 공연장

MP3. C03_U08

영화관

💬 기분 전환하러 영화 보러 가자.

Let's go to a movie for a change.
렛(ㅊ) 고우 투 어 무-비 퍼 어 체인쥐

💬 좋은 좌석을 맡기 위해 일찍 영화관에 갈 거야.

I'm going to the theater early so that I may get a good seat.
아임 고우잉 투 더 씨-어터 어-리 소우- 댓 아이 메이 겟 어 굿 시잇

💬 영화관 앞에서 6시 30분에 만나요.

I'll meet you in front of the theater at 6:30.
아일 미잇 유 인 프런 터(ㅂ) 더 씨-어터 앳 식(ㅅ) 써-티

💬 이건 극장으로 들어가는 줄이에요.

This is the line to get into the theater.
디스 이즈 더 라인 투 겟 인투 더 씨-어터

284

- 우리는 선착순으로 영화관에 입장했다.

    We entered the cinema on a first-come first-served bases.
    위 엔터(ㄷ) 더 시너머 언 어 퍼-슷 컴 퍼-슷 서-브(ㄷ) 베이시(ㅈ)

- 영화관에 너무 늦게 도착해서 영화를 처음부터 못 봤어요.

    I got to the movie too late to see it from the beginning.
    아이 갓 투 더 무-비 투- 레잇 투 시- 잇 프럼 더 비기닝

- 영화관이 초만원이라서 답답했다.

    The theater was overcrowded and stuffy.
    더 씨-어터 워즈 오우버크라우디 댄(ㄷ) 스터피

- 가장 가까운 영화관이 어디에 있습니까?

    Where is the nearest movie theater?
    웨어 이즈 더 니어리슷 무-비 씨-어터

💬 어느 영화관으로 갈 거예요?

Which theater are you going to?
위춰 씨-어터 아- 유 고잉 투

💬 그 영화는 C 영화관에서 상영하고 있어요.

It's showing at the C theater.
잇(츠) 쇼윙 앳 더 씨- 씨-어터

💬 실례지만, 이 자리 누가 맡았나요?

Excuse me, is this seat taken?
익스큐(즈) 미, 이즈 디스 시잇 테이큰
Is this seat occupied?
이즈 디스 시잇 어큐파잇
Is this seat free [available]?
이즈 디스 싯 프리- [어베일러블]
Is someone sitting here?
이즈 섬원 시딩 히어

💬 비었어요.

It's free.
잇(츠) 프리-

💬 자리 있는데요.

It's saved.
잇(츠) 세이브(드)

영화표

💬 아직 그 영화표 구입이 가능한가요?

Are tickets for the movie still available?
아- 티킷(ㅊ) 퍼 더 무-비 스틸 어베일러블

💬 그는 영화표를 사려고 줄을 서서 기다렸다.

He waited in line to buy a theater ticket.
히 웨이티 딘 라인 투 바이 어 씨-어터 티킷

💬 7시 영화표 두 장 주세요.

Two tickets for the 7 o'clock show, please.
투- 티킷(ㅊ) 퍼 더 세븐 어클락 쇼우, 플리-(ㅈ)

I'd like to buy two tickets for the 7 o'clock, please.
아이(ㄷ) 라익 투 바이 투- 티킷(ㅊ) 퍼 더 세븐 어클락, 플리-(ㅈ)

Can I buy two tickets for the 7 o'clock?
캔 아이 바이 투- 티킷(ㅊ) 퍼 더 세븐 어클락

💬 7시 표가 남았나요?

Do you have any tickets left for the 7 o'clock?
두 유 해 배니 티킷(ㅊ) 레풋 퍼 더 세븐 어클락

💬 영화표 샀니?

Did you get our tickets?
디 쥬 겟 아워 티킷(ㅊ)

💬 죄송하지만, 매진입니다.

Sorry, all sold out.
서-리, 어얼 소울 다웃
Sorry, that show is sold out.
서-리, 댓 쇼우 이즈 소울 다웃

💬 주말 영화표를 예매할 걸 그랬나?

Should we have made a theater booking for the weekend?
슈 뒤 해(ㅂ) 메잇 어 씨-어터 북킹 퍼 더 위-켄(ㄷ)

영화관에서의 에티켓

💬 영화관에서는 음식을 먹을 수 없습니다.

Food is not allowed in the theater.
푸웃 이즈 낫 얼라웃 인 더 씨-어터

💬 영화 시작 전에 휴대 전화를 꺼 두세요.

Turn your cell phone off before the movie starts.
터언 유어 셀 포운 어-(ㅍ) 비퍼- 더 무-비 스타-(ㅊ)

💬 앞 좌석의 의자를 발로 차지 마세요.

Don't kick the front seat.
도운(ㅌ) 킥 더 프런(ㅌ) 시잇

💬 상영 중 촬영은 금물입니다.

Don't take any photo while the movie is showing.
도운(ㅌ) 테익 애니 포우토우 와일 더 무-비 이즈 쇼윙

💬 앞 사람 때문에 화면이 잘 안 보여요.

The man sitting in front of me is blocking the view.
더 맨 시딩 인 프런 터(ㅂ) 미 이즈 블라킹 더 뷰-

💬 옆 사람한테 조용히 해 달라고 말 좀 해.

Tell the person next to you to be quiet.
텔 더 퍼-슨 넥슷 투 유 투 비- 쿠아이엇

💬 옆으로 좀 옮겨 주실래요?

Would you scoot [move] over, please?
우 쥬 스쿠웃 [무-(ㅂ)] 오우버, 플리-(ㅈ)

기타 공연

💬 그 연극은 지금 국립극장에서 공연 중이에요.

The play is now being presented at the National Theater.
더 플레이 이즈 나우 비-잉 프리즌티 댓 더 내셔늘 씨-어터

- 입장권은 14번가 극장 매표소에서 구입할 수 있어요.

  Tickets are available at the 14th Street theater box office.
  티킷 차- 어베일러블 앳 더 퍼-틴쓰 스츠리잇 씨-어터 박스 어-피(ㅅ)

- 이 극장에서 자선 공연이 있을 것이다.

  There will be a charity performance in this amphitheater.
  데어 윌 비- 어 채러티 퍼퍼-먼(ㅅ) 인 디스 앰퍼씨-어터

- 저녁에 외식하고 뮤지컬이나 봐요.

  Let's go out to dinner and then see a musical.
  렛(ㅊ) 고우 아웃 투 디너 앤(ㄷ) 덴 시- 어 뮤-지컬

- 뮤지컬이 20분 후에 시작해요.

  The musical starts in 20 minutes.
  더 뮤-지컬 스타-(ㅊ) 인 트웬티 미니(ㅊ)

Unit 9 술집 & 클럽

술집

💬 나는 퇴근 후에 종종 술집에 들른다.

I often visit a bar after work.
아이 어-편 비짓 어 바- 애(프)터 워-(ㅋ)

💬 이 술집은 제 단골집이에요.

The bar is my hangout.
더 바- 이즈 마이 행아웃

💬 우리 단골 술집에서 한잔할까?

Shall we prop up the bar?
샬 위 프랍 업 더 바-

💬 맥주 맛도 기가 막히고 생음악도 있는데.

They have excellent beer and live music.
데이 해 엑설런(트) 비어 앤(드) 라이(ㅂ) 뮤-직

💬 이 술집 괜찮은데.

This is a decent bar.
디스 이즈 어 디센(트) 바-

💬 대부분의 술집에는 담배 연기가 자욱하죠.

Smoke hangs in the air in most pubs.
스모욱 행 신 디 에어 인 모우슷 펍(ㅅ)

💬 이 술집은 일요일마다 라이브 재즈 공연이 있어요.

The pub has live jazz on Sundays.
더 펍 해즈 라이(ㅂ) 재(ㅈ) 언 선데이(ㅈ)

술 약속 잡기

💬 저 술집에 가서 맥주 한잔합시다.

Let's get a beer in that bar.
렛(ㅊ) 겟 어 비어 인 댓 바-

💬 오늘 밤에 술집 갈래요?

How about going to the bar tonight?
하우 어바웃 고우잉 투 더 바- 터나잇

💬 술집에 가서 술이나 한잔하자.

Let's go to the bar and get a drink.
렛(ㅊ) 고우 투 더 바- 앤(ㄷ) 겟 처 드링(ㅋ)

💬 집에 가는 길에 맥주 한잔하자.

Let's stop for a beer on the way home.
렛(ㅊ) 스탑 퍼 어 비어 언 더 웨이 호움

💬 일 끝나면 맥주 한잔 살게요.

I'll buy you a beer when we're done.
아일 바이 유 어 비어 웬 위어 던

💬 맥주 한잔하죠!

Grab a beer!
그랩 어 비어

💬 집에 가기 전에 긴장도 풀 겸 맥주나 한잔하자.

Let's have a beer to unwind before we head home.
렛(ㅊ) 해 버 비어 투 언와인(ㄷ) 비퍼- 위 헷 호움

술 권하기

💬 건배!

Cheers!
취어(ㅅ)

Cheer up!
취어 럽

Here's to you!
히어(ㅅ) 투 유

Toast!
토우슷

Bottoms up!
바덤 섭

Down the hatch!
다운 더 햇취

Kill it!
킬 잇

💬 자 맥주를 들어요!

Get ready to chug your beer!
겟 레디 투 척 유어 비어

💬 건배할까요?

May I propose a toast?
메이 아이 프러포우 저 토우슷
Let's make a toast.
렛(ㅊ) 메익 어 토우슷

💬 뭘 위해 건배할까요?

What shall we drink to?
왓 샬 위 드링(ㅋ) 투

💬 두 분의 결혼을 축하하며 건배!

Here's to your wedding!
히어(ㅅ) 투 유어 웨딩
To your wedding!
투 유어 웨딩

💬 한 잔 더 주세요.

Give me a refill, please.
기(ㅂ) 미 어 리-필, 플리-(ㅈ)

💬 한 잔 더 할래?

Do you want one more shot?
두 유 원(ㅌ) 원 머- 샷

💬 좀 더 마시자!

Let's drink some more!
렛(ㅊ) 드링(ㅋ) 섬 머-

💬 제가 한 잔 따라 드릴까요?

Could I pour your glass?
쿠 다이 푸어 유어 글래(ㅅ)

💬 오늘 실컷 마시자고!

Let's hit the bottle!
렛(ㅊ) 힛 더 바들

💬 원샷은 내 전공이지.

Bottom's up is my middle name.
바텀 섭 이즈 마이 미들 네임

💬 제가 한 잔 따라 드릴게요.

Let me pour you a drink.
렛 미 푸어 유 어 드링(ㅋ)

술 고르기

💬 술은 뭘로 할래요?

What's your poison?
왓 츄어 퍼이즌

💬 우선 맥주부터 드실래요?

Do you want to have a beer first?
두 유 원(ㅌ) 투 해 버 비어 퍼-슷

💬 맥주를 더 할래요 아니면 위스키를 드실래요?

Would you like another beer or a shot of whiskey?
우 쥬 라익 어나더 비어 어 어 샷 어(ㅂ) 위스키

💬 다시 생각해 보니, 맥주가 좋겠네요.

On second thought, make it a beer.
언 세컨(ㄷ) 쩌엇, 메익 잇 어 비어

💬 스카치위스키를 얼음에 타 주세요.

Scotch on the rocks, please.
스캇취 언 더 락(ㅅ), 플리-(ㅈ)

💬 위스키에 물을 타 줄래요?

Could I have a whisky and water, please?
쿠 다이 해 버 위스키 앤(ㄷ) 워-터, 플리-(ㅈ)

안주 고르기

💬 안주로는 뭐가 있나요?

What are the cocktail dishes?
왓 아- 더 칵테일 디쉬(ㅈ)
What is the appetizer?
왓 이즈 디 애피타이저

💬 술 마시면서 안주를 좀 더 시켜요.

Let's order some more side dishes while we drink.
렛(ㅊ) 어-더 섬 머- 사이(ㄷ) 디쉬(ㅈ) 와일 위 드링(ㅋ)

💬 이건 와인과 어울리는 안주예요.

This goes very well with wine.
디스 고우(ㅈ) 베리 웰 윗 와인

- 맥주랑 같이 뭘 드실래요?

  What would you like to have with your beers?
  왓 우 쥬 라익 투 해(ㅂ) 윗 유어 비어(ㅅ)

- 술안주로는 이게 최고죠.

  It's a capital accompaniment of drinks.
  잇 처 캐피틀 어컴퍼니먼 터(ㅂ) 드링(ㅋㅅ)

- 안주로 먹을만한 게 없는데요.

  There is nothing good to eat with our drinks.
  데어 이즈 나씽 굿 투 이잇 윗 아워 드링(ㅋㅅ)

- 맥주 안주가 아무것도 없어요.

  I have nothing to take with beer.
  아이 해(ㅂ) 나씽 투 테익 윗 비어

클럽

💬 클럽에 가서 춤추는 건 어때요?

Why don't you go dancing in a club?
와이 도운 츄 고우 댄싱 인 어 클럽

💬 그 클럽은 몇 시에 열어요?

When does the club open?
웬 더즈 더 클럽 오우펀

💬 그 클럽 입장료가 얼마야?

How much is it the cover charge of the club?
하우 머춰 이즈 잇 더 커버 차-쥐 어(ㅂ) 더 클럽

💬 요즘 뜨는 클럽이 어디야?

What club is hip these days?
왓 클럽 이즈 힙 디-즈 데이(ㅈ)

💬 오늘 클럽에 가서 신나게 놀자.

Let's go out on the town tonight.
렛(ㅊ) 고우 아웃 언 더 타운 터나잇

Unit 10 파티

파티 전

💬 파티 준비는 잘되어 가니?

Are the party preparations coming along well?
아- 더 파-티 프레퍼레이션(ㅅ) 커밍 어러엉 웰

💬 그녀는 파티 준비하느라 법석을 떨었다.

She had much ado to prepare the party.
쉬 햇 머취 어두- 투 프리페어 더 파-티

💬 우리는 리즈를 위해 깜짝 파티를 계획하고 있어.

We are planning a surprise party for Liz.
위 아- 플래닝 어 서프라이(ㅈ) 파-티 퍼 리(ㅈ)

💬 파티에 뭘 입고 갈까?

What should I wear to the party?
왓 슈 다이 웨어 투 더 파-티

💬 파티에 제가 가져갈 게 있나요?

Should I bring anything to the party?
슈 다이 브링 애니씽 투 더 파-티

💬 파티에 함께 갈 파트너가 없어.

I don't have a date for the party.
아이 도운(트) 해 버 데잇 퍼 더 파-티

💬 어디에서 파티 하지?

Where should we have the party?
웨어 슈 뒤 해(ㅂ) 더 파-티

💬 파티 준비하느라 애 많이 썼어.

You took great pains to put together the party.
유 툭 그레잇 페인(ㅅ) 투 풋 터게더 더 파-티

💬 파티를 신나게 즐기자!

Let's get naked for the party!
렛(ㅊ) 겟 네이킷 퍼 더 파-티

💬 파티는 우리 집에서 7시에 시작해요.

It starts at 7 o'clock in my house.
잇 스타-(ㅊ) 앳 세븐 어클락 인 마이 하우(ㅅ)

💬 파티는 몇 시에 끝나요?

What time will the party be over?
왓 타임 윌 더 파-티 비- 오우버

💬 파티에 몇 사람이 오죠?

How many people are going to be at the party?
하우 메니 피-플 아- 고우잉 투 비- 앳 더 파-티

💬 아쉽지만 파티에 갈 수 없어요.

I am sorry to say I can't come to the party.
아이 앰 서-리 투 세이 아이 캔(트) 컴 투 더 파-티

💬 우리는 그 파티를 일주일 연기했다.

We delayed the party for a week.
위 딜레잇 더 파-티 퍼 어 위익

파티 초대

💬 파티에 올래?

Would you like to come to my party?
우 쥬 라익 투 컴 투 마이 파-티
Can you make it to the party?
캔 유 메익 잇 투 더 파-티
Are you going to come to my party?
아- 유 고우잉 투 컴 투 마이 파-티

💬 나도 파티에 좀 끼워 줘.

Count me in for the party.
카운(트) 미 인 퍼 더 파-티

💬 낸시는 날 파티에 초대해 줬어.

Nancy asked me to the party.
낸시 애슥(트) 미 투 더 파-티

💬 파티에 초대받지 않았는데 가도 될까요?

Mind if I crash your party?
마인(드) 이(프) 아이 크래쉬 유어 파-티

💬 잭은 파티의 흥을 깨잖아. 그를 초대하기 싫어.

Jack often takes the gloss off of
a party, I don't want to invite him.
잭 어-편 테익(ㅅ) 더 글라(ㅅ) 어-(ㅍ) 어 버 파-티,
아이 도운(ㅌ) 원(ㅌ) 투 인바잇 힘

💬 이 파티는 초대장을 받은 사람만 올 수 있어요.

This party is by invitation only.
디스 파-티 이즈 바이 인비테이션 오운리

파티 후

💬 파티가 끝내줬어.

The party was whipped.
더 파-티 워즈 휩(ㅌ)
That was quite a party.
댓 워즈 쿠아잇 어 파-티

💬 정말 최고의 파티였어요.

It was sure a swell party.
잇 워즈 슈어 어 스웰 파-티

💬 파티는 정말 재미있었어요.

We got a kick out of the party.
위 갓 어 킥 아웃 어(ㅂ) 더 파-티

💬 파티가 지루해서 나도 따분해 죽겠는데.

The party is boring, and I'm bored to death.
더 파-티 이즈 버-링, 앤(ㄷ) 아임 버-(ㄷ) 투 데쓰

💬 파티가 정말 근사했어.

Some party.
섬 파-티
The party was really rad.
더 파-티 워즈 리얼리 랫

💬 파티가 완전 엉망으로 끝났어.

The party was a total disaster.
더 파-티 워즈 어 토틀 디재스터

💬 파티가 보잘 것 없던데.

The party was a dull affair.
더 파-티 워즈 어 덜 어페어

다양한 파티

💬 그녀는 집들이 파티를 토요일에 할 거야.

Her housewarming party will be held on Saturday.
허 하우스워-밍 파-티 윌 비- 헬(ㄷ) 언 새터데이

💬 내 생일 파티에 초대할게.

I'd like to invite you to my birthday party.
아이(ㄷ) 라익 투 인바잇 유 투 마이 버-쓰데이 파-티

Come to my birthday party.
컴 투 마이 버-쓰데이 파-티

💬 누가 댄스 파티를 주관해?

Who is hosting the dance party?
후 이즈 호우스팅 더 댄스 파-티

💬 샘에게 송별 파티를 열어 주는 건 어때요?

How about giving Sam a farewell party?
하우 어바웃 기빙 샘 어 페어웰 파-티

💬 이건 자기가 마실 음료는 본인이 들고 가는 파티라고.

The party is BYOB.
더 파-티 이즈 비-와이오우비-

💬 결국 졸업생 파티에 오기로 했구나.

You decided to come to the prom after all.
유 디사이딧 투 컴 투 더 프람 애(프)터 어얼

💬 오늘 크리스마스 파티에 올 거야?

Are you attending the Christmas party today?
아- 유 어텐딩 더 크리(ㅅ)머(ㅅ) 파-티 터데이

💬 핼러윈 파티에 아이들을 데리고 오세요.

Bring your kids to the Halloween party.
브링 유어 키(ㅈ) 투 더 핼로우이인 파-티

💬 LA로 송년 파티 가는 건 어때요?

How about going to the New Year's Eve party in LA?
하우 어바웃 고우잉 투 더 누- 이어(ㅅ) 이-(ㅂ) 파-티 인 엘에이

💬 남자들끼리 총각 파티를 할 거라는데.

There will be a bachelor's party only for men.
데어 윌 비- 어 배춰러(ㅅ) 파-티 오운리 퍼 멘

💬 그녀는 날 파자마 파티에 초대했어.

She invited me to a slumber party.
쉬 인바이팃 미 투 어 슬럼버 파-티

💬 제니를 위해서 신부 파티를 열어 줄 거야.

We're throwing a bridal shower for Jenny.
위어 쓰로우잉 어 브라이들 샤우어 퍼 제니

💬 그녀를 위해 출산 파티를 열어 주자.

Let's throw a baby shower for her.
렛(ㅊ) 쓰로우 어 베이비 샤우어 퍼 허

Chapter 04
그녀는 변덕쟁이!

Unit 1   **좋은 감정**
Unit 2   **좋지 않은 감정**
Unit 3   **성격**
Unit 4   **기호**

Unit 1 좋은 감정

MP3. C04_U01

기쁘다

💬 몹시 기뻐요.

I'm overjoyed.
아임 오우버쥐이(ㄷ)

💬 정말 기분이 좋아요!

How glad I am!
하우 글랫 아이 앰

💬 기뻐서 펄쩍 뛸 것 같아요.

I'm about ready to jump out my skin.
아임 어바웃 레디 투 점 파웃 마이 스킨

💬 날듯이 기뻤어요.

I jumped for joy.
아이 점(ㅌ) 퍼 쥐이
I was walking on air now.
아이 워즈 워킹 언 에어 나우

💬 콧노래라도 부르고 싶은 기분이에요.

I feel like humming.
아이 피일 라익 허밍

💬 아주 기뻐서 말이 안 나와요.

I'm so happy, I don't know what to say.
아임 소우- 해피, 아이 도운(트) 노우 왓 투 세이

💬 내 평생에 가장 기뻤어요.

Nothing could be more wonderful in my life.
나씽 쿠(ㄷ) 비- 머- 원더펄 인 마이 라이(ㅍ)

💬 그거 기쁜 일이네요.

That's my pleasure.
댓(ㅊ) 마이 플레져

💬 그 말을 들으니 기뻐요.

I'm pleased to hear that.
아임 플리-즛 투 히어 댓

💬 당신을 만나서 정말 기쁜데.

I'm very glad to see you.
아임 베리 글랫 투 시- 유

💬 당신과 함께해서 즐거웠어요.

I enjoyed having you.
아이 인조잇 해빙 유

315

💬 그들은 아주 들떠 있어요.

They are juiced.
데이 아- 쥬-슷
They are hyped.
데이 아- 하입(트)
They are pumped up.
데이 아- 펌(프) 텁

💬 백만장자가 된 느낌이에요.

I feel like a million bucks.
아이 피일 라익 어 밀연 벅(스)

💬 네, 기꺼이.

Yes, I'd love to.
예스, 아이(드) 러(브) 투
Sure, with my pleasure.
슈어, 윗 마이 플레져

행복하다

💬 난 행복해요.

I'm happy.
아임 해피

💬 더 이상 행복할 수 없어요.

I couldn't be happier with it.
아이 쿠든(ㅌ) 비- 해피어 윗 잇

💬 내 인생에 이보다 더 행복했던 적은 없었어요.

I've never been happier in my life.
아이(ㅂ) 네버 빈 해피어 인 마이 라이(ㅍ)

💬 하나님 감사합니다!

Thank heavens!
쌩(ㅋ) 헤븐(ㅅ)

💬 꿈만 같아요.

It's just too good to be true.
잇(ㅊ) 저슷 투- 굿 투 비- 츠루-

💬 꿈이 이루어졌어요!

It's a dream come true!
잇 처 드리임 컴 츠루-

💬 대성공이에요!

I hit the jackpot!
아이 힛 더 잭팟

💬 당신 때문에 아주 행복해요.

I'm very happy for you.
아임 베리 해피 퍼 유

💬 그는 행복에 넘쳐 있어.

His cup runs over.
히스 컵 런 소우버

안심하다

💬 정말 안심했어요!

What a relief!
왓 어 릴리잎
That's a relief!
댓 처 릴리잎

It's a weight off my mind!
잇 처 웨잇 어-(ㅍ) 마이 마인(ㄷ)
That's a load off my shoulders!
댓 처 로우 더-(ㅍ) 마이 쇼울더(ㅅ)

💬 그 소식을 들으니 안심이 돼요.

I'm relieved to hear the news.
아임 릴리입(ㅌ) 투 히어 더 뉴-(ㅅ)
I feel relieved to hear the news.
아이 피일 릴리입(ㅌ) 투 히어 더 뉴-(ㅅ)
It's a relief to hear the news.
잇 처 릴리입 투 히어 더 뉴-(ㅅ)

💬 마음이 편해요.

My mind is at ease.
마이 마인 디즈 앳 이-(ㅈ)

💬 안심해.

Be assured.
비- 어슈어(ㄷ)

💬 너무 안심하지 마.

Don't be too sure of it.
도운(ㅌ) 비- 투- 슈어 어 빗

💬 그 문제는 안심하셔도 돼요.

You can put that matter to rest.
유 캔 풋 댓 매더 투 레슷
Put your mind at rest on that matter.
풋 유어 마인 댓 레슷 언 댓 매더
Set your mind at rest about that.
셋 유어 마인 댓 레슷 어바웃 댓
You may take it easy on that matter.
유 메이 테익 잇 이-지 언 댓 매더

만족하다

💬 정말 만족스러워요.

I'm completely contented.
아임 컴플릿리 컨텐팃

💬 현재 대만족이에요.

I'm very well as I am.
아임 베리 웰 애 자이 앰

💬 나는 그것에 만족해요.

I'm satisfied with it.
아임 새티스파이(드) 윗 잇
I'm gratified with it
아임 그래티파잇 윗 잇
I'm happy with it.
아임 해피 윗 잇
I'm quite pleased with it.
아임 쿠아잇 플리-즛 윗 잇
It's alright with me.
잇 처얼라잇 윗 미

💬 만족스러운 결과였어요.

It was a result right enough.
잇 워즈 어 리절(ㅌ) 라잇 이넙
The result was quite satisfactory.
더 리절(ㅌ) 워즈 쿠아잇 새티스팩터리

💬 그는 그 생각에 매우 만족해 했어요.

He was highly tickled at the idea.
히 워즈 하이리 틱클 댓 디 아이디-어
He turned up his thumb to the idea.
히 터언 덥 히스 썸 투 디 아이디-어
He gave his thumbs up to the idea.
히 게이(ㅂ) 히스 썸 섭 투 디 아이디-어

💬 그는 스스로 만족하고 있다.

He wills himself into contentment.
히 윌(ㅅ) 힘셀 핀투 컨텐먼(ㅌ)

재미있다

💬 아주 재미있어요!

How exciting!
하우 익사이팅

💬 정말 즐거워요!

What a lark!
왓 어 라악

💬 멋진 생각이에요!

That sounds great!
댓 사운(ㅈ) 그레잇
That's a wonderful idea!
댓 처 원더펄 아이디-어
That would be nice!
댓 우(ㄷ) 비- 나이(ㅅ)
Good idea!
굿 아이디-어

💬 즐거운 시간을 보냈어요.

I had the time of my life.
아이 햇 더 타임 어(ㅂ) 마이 라이(ㅍ)

💬 즐거워요.

I'm having fun.
아임 해빙 펀

💬 아주 재미있어서 웃음이 멈추질 않아요.

It's so funny that I can't stop laughing.
잇(ㅊ) 소우- 퍼니 댓 아이 캔(ㅌ) 스탑 래핑

Unit 2 **좋지 않은 감정**

MP3. C04_U02

슬프다

💬 슬퍼요.

> I'm feeling sad.
> 아임 피-링 샛
> I feel miserable.
> 아이 피일 미저러블
> I'm feeling rather sad.
> 아임 피-링 래더 샛

💬 우울해요.

> I feel blue.
> 아이 피일 블루-
> I am in a dark mood.
> 아이 엠 인 어 다-(ㅋ) 무웃

💬 너무 괴로워요.

> I'm distressed.
> 아임 디스츠레슷

💬 마음이 아파요.

> I'm grieving.
> 아임 그리-빙
> I'm heartbroken.
> 아임 하-(ㅌ)브로우큰

💬 절망적이에요.

I feel hopeless.
아이 피일 호웁리(ㅅ)
I'm in a no-win situation now.
아임 인 어 노우 윈 시츄에이션 나우

💬 마음이 공허해요.

I feel empty.
아이 피일 엠티

💬 기분이 좀 그래요.

I'm in a mood.
아임 인 어 무웃

💬 가슴이 찢어지는 것 같았어요.

My heart broke.
마이 하-(ㅌ) 브로욱

💬 세상이 끝나는 것 같아요.

I feel like the world is coming to an end.
아이 피일 라익 더 워(ㄹ) 디즈 커밍 투 언 엔(ㄷ)

325

💬 더 이상 아무 희망이 없어요.

There's just no more hope.
데어(ㅅ) 저숫 노우 머– 호읍

💬 슬퍼서 울음이 나올 것 같아요.

I'm so sad I could cry.
아임 소우– 샛 아이 쿠(ㄷ) 크라이
I feel like crying.
아이 피일 라익 크라잉

💬 눈이 빠지도록 울었어요.

I cried my eyes out.
아이 크라잇 마이 아이 자웃

💬 지금 농담할 기분이 아니에요.

I'm not in the mood for jokes.
아임 낫 인 더 무웃 퍼 조욱(ㅅ)

💬 아무것도 하고 싶지 않아요.

I don't feel like doing anything.
아이 도운(ㅌ) 피일 라익 두잉 애니씽

💬 정말 상처받았어.

It really hurt me.
잇 리얼리 허–(ㅌ) 미

실망하다

- 실망이야!

    How very disappointing!
    하우 베리 디서퍼인팅
    What a let down!
    왓 어 렛 다운

- 그거 실망인데.

    That disappointed me.
    댓 디서퍼인팃 미
    That's disappointing.
    댓(ㅊ) 디서퍼인팅

- 네게 실망했어.

    I'm disappointed in you.
    아임 디서퍼인팃 딘 유
    You really let me down.
    유 리얼리 렛 미 다운

- 모두 허사라니!

    What a waste!
    왓 어 웨이슷

💬 시간 낭비였어.

It was a waste of time.
잇 워즈 어 웨이슷 어(ㅂ) 타임

💬 노력이 허사가 되어 버렸어.

All my efforts were wasted.
어얼 마이 에퍼 취- 웨이스팃

💬 그 소식을 듣고 가슴이 철렁 내려앉았다.

My heart sank when I heard the news.
마이 하-(ㅌ) 생(ㅋ) 웬 아이 허-(ㄷ) 더 뉴-(ㅅ)

💬 정말 실망스러워!

What a disappointment!
왓 어 디서퍼인먼(ㅌ)
What a sell!
왓 어 셀

💬 그거 절망 실망스러운 일인데요.

That's very disappointed I must say.
댓(ㅊ) 베리 디서퍼인팃 아이 머슷 세이

💬 나를 실망시키지 마.

Don't let me down.
도운(ㅌ) 렛 미 다운

😌 정말 유감입니다.

I'm frightfully sorry.
아임 프라잇펄리 서-리
I'm more than unhappy about it.
아임 머- 댄 언해피 어바웃 잇
Sorry to hear that.
서-리 투 히어 댓

😌 난 이제 망했어.

I'm washed up.
아임 워쉬 텁
My bolt is shot.
마이 보울 티즈 샷

화내다

😌 너무 화가 나요.

I'm very annoyed.
아임 베리 어너잇
I'm pissed off.
아임 피숫 어-(프)

💬 그 때문에 열받았어.

He ticked me off.
히 틱(트) 미 어-(프)

💬 끔찍해!

How awful!
하우 어-펄

💬 젠장!

Damn it!
댐 잇

💬 정말 불쾌해요.

I'm extremely unhappy about this.
아임 익스츠림리 언해피 어바웃 디스

💬 구역질 나!

That's disgusting!
댓(츠) 디스거스팅

💬 너무 약올라!

How exasperating!
하우 익재스퍼레이팅

💬 화가 나서 등골이 떨릴 정도야.

It gives me the creeps.
잇 기(ㅂㅅ) 미 더 크리입(ㅅ)

💬 너 때문에 화가 나서 미치겠어.

You burn me up.
유 버언 미 업
You drive me crazy.
유 드라이(ㅂ) 미 크레이지
You make me sick.
유 메익 미 식
I'm so mad at you.
아임 소우- 맷 앳 유
You really make me angry.
유 리얼리 메익 미 앵그리

💬 닥쳐!

Shut up!
셧 업

💬 적당히 해 둬!

Give me a break!
기(ㅂ) 미 어 브레익

💬 이제 제발 그만둬!

That's enough of that!
댓 치넢 어(ㅂ) 댓

💬 내버려 둬!

Leave me alone!
리-(ㅂ) 미 얼로운

💬 네가 알 바 아니잖아.

None of your business.
넌 어(ㅂ) 유어 비즈니(ㅅ)

Mind your own business.
마인(ㄷ) 유어 오운 비즈니(ㅅ)

💬 말이 지나치군요.

You are out of line.
유 아- 아웃 어(ㅂ) 라인

💬 더 이상은 못 참겠어.

Enough is enough.
이넢 이즈 이넢

I can't stand you.
아이 캔(ㅌ) 스탠 쥬

I can't take it any more.
아이 캔(ㅌ) 테익 잇 애니 머-

💬 참는 것도 한도가 있어.

My patience is worn out.
마이 페이션 시즈 워언 아웃
This is the limit. I'm out of patience with you.
디스 이즈 더 리밋. 아임 아웃 어(ㅂ) 페이션(ㅅ) 윗 유

💬 어떻게 그렇게 말할 수 있어?

How can you say that?
하우 캔 유 세이 댓

💬 도대체 뭐 하자는 거야?

What kind of question is it?
왓 카인 더(ㅂ) 쿠에스쳔 이즈 잇

💬 넌 네가 뭐라고 생각하는 거야?

Who do you think you are?
후 두 유 씽 큐 아-

💬 나를 뭘로 보는 거야?

What do you take me for?
왓 두 유 테익 미 퍼

💬 바보 취급하지 마.

Don't make fun of me.
도운(ㅌ) 메익 펀 어(ㅂ) 미

밉다

💬 나는 그의 미움을 샀어요.

I got on his bad side.
아이 갓 언 히스 뱃 사이(ㄷ)
He is very down on me.
히 이즈 베리 다운 언 미
They are in hatred of us.
데이 아- 인 헤이츠리 더(ㅂ) 어스

💬 증오심이 치밀어 올라요.

Hatred rises within me.
헤이츠리(ㄷ) 라이(ㅈ) 위딘 미

💬 나는 성범죄를 증오해요.

I have sexual crimes in detestation.
아이 해(ㅂ) 섹슈얼 크라임 신 디-테스테이션

💬 그는 증오의 눈으로 나를 보았어요.

He looked at me with hatred in his eyes.
히 룩 탯 미 윗 헤이츠리 딘 히스 아이(ㅈ)

💬 그는 주는 것 없이 미워.

I have an antipathy against him.
아이 해 번 앤티퍼씨 어게인슷 힘

💬 왜 그렇게 선생님을 미워하니?

Why do you have it in for your teacher so badly?
와이 두 유 해 빗 인 퍼 유어 티-춰 소우- 뱃리

💬 죄는 미워하되 사람은 미워하지 마라.

Condemn the offense and not its perpetrator.
컨뎀 디 어펜 샌(ㄷ) 낫 잇(ㅊ) 퍼-피츠레이터

335

억울하다

💬 그건 억울해요.

You do me wrong.
유 두 미 러엉
I'm innocent of the charge.
아임 이너선 터(ㅂ) 더 차-쥐

💬 나는 억울함에 눈물을 흘렸다.

I shed tears in my mortification.
아이 쉣 티어 신 마이 머-터피케이션

💬 나는 그 소식을 듣고 억울해서 어쩔 줄 몰랐다.

I was hotly indignant upon hearing the news.
아이 워즈 핫리 인딕넌(ㅌ) 어판 히어링 더 뉴-(ㅅ)

💬 그는 억울하게 체포됐다.

He was arrested on a false charge.
히 워즈 어레스팃 언 어 펄(ㅅ) 차-쥐
He was falsely accused.
히 워즈 펄(ㅅ)리 어큐즛

💬 그는 나에게 억울함을 호소했다.

He complained of an injustice to me.
히 컴플레인 더 번 인저스티(ㅅ) 투 미

💬 억울하면 출세해.

It's good to be the boss.
잇(ㅊ) 굿 투 비- 더 버-(ㅅ)

💬 왜 그렇게 분한 거야?

Why are you so worked up?
와이 아- 유 소우- 워-(ㅋ) 텁

후회하다

💬 후회 막심이에요.

I feel awfully sorry.
아이 피일 어펄리 서-리
I have so many regrets.
아이 해(ㅂ) 소우- 메니 리그렛(ㅊ)

💬 그에게 사과했어야 하는 건데.

I would have apologized to him.
아이 우(ㄷ) 해 버팔러좌이즛 투 힘

💬 내가 왜 그랬는지 후회가 돼요.

I have come to worry over why I did that.
아이 해(ㅂ) 컴 투 워-리 오우버 와이 아이 디(ㄷ) 댓

💬 난 후회하지 않아.

I don't have any regrets.
아이 도운(ㅌ) 해 배니 리그렛(ㅊ)
I have no regret on that score.
아이 해(ㅂ) 노우 리그렛 언 댓 스커-

💬 난 후회해 본 적 없어.

I've never regretted about it.
아이(ㅂ) 네버 리그레티 더바웃 잇

💬 나중에 후회하게 될 거야.

Someday you'll be sorry.
섬데이 유일 비- 서-리
Someday you'll regret it.
섬데이 유일 리그렛 잇
You shall repent this.
유 샬 리펜(ㅌ) 디스

부끄럽다

💬 제 자신이 부끄럽습니다.

I'm ashamed of myself.
아임 어쉐임 더(ㅂ) 마이셀(ㅍ)

💬 제가 그렇게 해서 창피해요.

I'm ashamed that I did that.
아임 어쉐임(ㄷ) 댓 아이 딧 댓
I feel mean for what I have done.
아이 피일 미인 퍼 왓 아이 해(ㅂ) 던

💬 저는 천성적으로 수줍음을 잘 타요.

I'm very shy by nature.
아임 베리 샤이 바이 네이쳐

💬 그녀는 부끄러움에 얼굴을 붉혔다.

She blushed for shame.
쉬 블러쉬(ㅌ) 퍼 쉐임
She turned red for shame.
쉬 터언(ㄷ) 렛 퍼 쉐임

💬 부끄러움에 귀가 화끈거렸다.

My ears burned in embarrassment.
마이 이어(ㅅ) 버언 딘 임배러스먼(ㅌ)

💬 난 사진 찍히는 게 부끄러워.

I'm camera-shy.
아임 캐머러 샤이

💬 그녀는 수줍어서 낯선 사람과 말을 못 해요.

She is too shy to speak to strangers.
쉬 이즈 투- 샤이 투 스피익 투 스츠레인저(ㅅ)

걱정하다

💬 무슨 일 있어요?

What's the matter with you?
왓(ㅊ) 더 매더 윗 유
What's wrong with you?
왓(ㅊ) 러엉 윗 유
What's the problem?
왓(ㅊ) 더 프라블럼
Is anything wrong?
이즈 애니씽 러엉
Is something wrong with you?
이즈 섬싱 러엉 윗 유

- 💬 걱정거리가 있어요?

    What's bothering you?
    왓(ㅊ) 바더링 유
    What's your worry?
    왓(ㅊ) 유어 워-리
    Are you in some kind of trouble?
    아- 유 인 섬 카인 더(ㅂ) 츠러블
    Do you have something on your mind?
    두 유 해(ㅂ) 섬씽 언 유어 마인(ㄷ)

- 💬 왜 그렇게 초조해하고 있어?

    What are you fretting over?
    왓 아- 유 프레딩 오우버

- 💬 오늘 기분이 안 좋아 보이는데.

    You look under the weather today.
    유 룩 언더 더 웨더 터데이
    You look down today.
    유 룩 다운 터데이

- 💬 괜찮으세요?

    Are you all right?
    아- 유 어얼 라잇

💬 정말 걱정이 돼요.

I'm really concerned about it.
아임 리얼리 컨서언 더바웃 잇

💬 지금 너무 초조해요.

I'm on the edge right now.
아임 언 디 엣쥐 라잇 나우

💬 심장이 두근거려.

My heart is pounding like a drum.
마이 하- 티즈 파운딩 라익 어 드럼

💬 한숨도 못 잤어.

I have not slept a wink.
아이 해(ㅂ) 낫 슬렙 터 윙(ㅋ)

💬 이제 어떡하지?

What shall I do now?
왓 쉘 아이 두 나우

💬 걱정할 거 없어.

Don't worry about it.
도운(ㅌ) 워-리 어바웃 잇
You have nothing to worry about.
유 해(ㅂ) 나씽 투 워-리 어바웃

💬 다 잘될 거야.

Everything will be all right.
에브리씽 윌 비- 어얼 라잇

💬 너무 심각하게 받아들이지 마.

Don't take it seriously.
도운(ㅌ) 테익 잇 시리어슬리

💬 빨리 해결되길 바랍니다.

I hope you resolve it soon.
아이 호웁 유 리잘 빗 수운

무섭다

💬 무서워요.

I'm scared.
아임 스케어(ㄷ)

💬 무서워 죽는 줄 알았어.

I was scared to death.
아이 워즈 스케어(ㄷ) 투 데쓰

💬 소름 끼쳐.

It made my skin crawl.
잇 메잇 마이 스킨 크러얼
That gave me the creeps.
댓 게이(ㅂ) 미 더 크립(ㅅ)

💬 그 생각만 하면 무서워요.

I dread the thought of that.
아이 드렛 더 써엇 어(ㅂ) 댓

💬 무서워서 아무것도 할 수 없었어.

I was too scared to do anything.
아이 워즈 투- 스케어(ㄷ) 투 두 애니씽

💬 등골에 땀이 나요.

I have perspiration on my back.
아이 해(ㅂ) 퍼스피레이션 언 마이 백

💬 간 떨어질 뻔했어요.

I almost dropped a load.
아이 어얼모우슷 드랍 터 로옷

💬 무서워하지 마!

Don't be scared!
도운(트) 비- 스케어(드)
Never fear!
네버 피어

놀라다

💬 맙소사!

Oh, my God!
오우, 마이 갓
Oh, God!
오우, 갓
Oh, Lord!
오우, 러엇
Oh, dear!
오우, 디어
Oh, my goodness!
오우, 마이 굿니(ㅅ)
Goodness me!
굿니(ㅅ) 미
Bless my soul!
블레(ㅅ) 마이 소울
Mercy me!
머-시 미

💬 놀라운걸!

What a surprise!
왓 어 서프라이(즈)
That's amazing!
댓 어메이징

💬 굉장해!

That's awesome!
댓 처-섬
That's terrific!
댓(츠) 테러픽
Fantastic!
팬터스틱

💬 믿을 수 없어!

Incredible!
인크레더블
I don't believe it!
아이 도운(트) 빌리- 빗

💬 말도 안 돼!

No way!
노우 웨이

💬 설마!

Not really!
낫 리얼리
You don't say so!
유 도운(ㅌ) 세이 소우—

💬 농담이죠!

No kidding!
노우 키딩
Are you kidding me?
아— 유 키딩 미
You're pulling my leg, aren't you?
유어 풀링 마이 렉, 아안 츄

💬 농담 그만해.

Stop joking around.
스탑 조우킹 어라운(ㄷ)

💬 진심이야?

Are you serious?
아— 유 시리어(ㅅ)

💬 그럴 리 없어!

It can't be true!
잇 캔(ㅌ) 비- 츠루-
I can't believe it!
아이 캔(ㅌ) 빌리- 잇

💬 내 눈을 믿을 수가 없어.

I couldn't believe my eyes.
아이 쿠든(ㅌ) 빌리-(ㅂ) 마이 아이(ㅈ)

💬 금시초문이야!

That's news to me!
댓(ㅊ) 뉴-(ㅅ) 투 미

💬 깜짝 놀랐어.

I was frightened.
아이 워즈 프라이튼(ㄷ)
I was completely surprised.
아이 워즈 컴플릿리 서프라이즛

💬 그 소식을 듣고 매우 놀랐어요.

I was very surprised to hear that.
아이 워즈 베리 서프라이즛 투 히어 댓
I was shocked to hear the news.
아이 워즈 샥(ㅌ) 투 히어 더 뉴-(ㅅ)

I was astonished to hear the news.
아이 워즈 어스타니쉬(트) 투 히어 더 뉴-(스)

💬 놀라서 말도 안 나오는데.

I'm dumbstruck.
아임 덤츠럭
I'm speechless.
아임 스피-취리(스)

💬 전혀 예상 밖이야.

It was totally unexpected.
잇 워즈 토들리 언익스펙티(드)
No one would've guessed.
노우 원 웃(ㅂ) 게슷

💬 생각도 못 했어.

I'd never have thought it.
아이(드) 네버 해(ㅂ) 써엇 잇

💬 내 귀를 의심했어.

I could hardly believe my ears.
아이 쿠(드) 하들리 빌리-(ㅂ) 마이 이어(스)

💬 마른하늘에 날벼락이야!

That's a bolt out of the blue!
댓 처 보울 타웃 어(ㅂ) 더 블루-

지겹다

💬 정말 지루했어.

It was so boring.
잇 워즈 소우- 버-링

💬 지루해서 죽을 뻔했어.

I'm bored to death.
아임 버-(ㄷ) 투 데쓰

💬 이젠 질렸어.

I'm sick and tired of it.
아임 식 앤(ㄷ) 타이어 더 빗
I'm fed up with it.
아임 페 덥 윗 잇

💬 그런 말은 이제 듣기에도 지겨워.

It's disgusting even to hear.
잇(ㅊ) 디스거스팅 이븐 투 히어

💬 생각만 해도 지긋지긋해.

It makes me sick even to think of it.
잇 메익(ㅅ) 미 식 이븐 투 씽 커 빗

💬 네 변명은 이제 지긋지긋해.

I've had enough of your excuses.
아이(ㅂ) 햇 이넢 어 뷰어 익스큐-지(ㅅ)
I've had it with your excuses.
아이(ㅂ) 햇 잇 윗 유어 익스큐-지(ㅅ)

💬 오늘 하루는 지겹게도 길었어.

The day went so slowly.
더 데이 웬(ㅌ) 소우- 슬로우리
It's been such a long day.
잇(ㅊ) 빈 서취 어 러엉 데이

💬 더 이상은 하고 싶지 않아.

I don't want to do more.
아이 도운(ㅌ) 원(ㅌ) 투 두 머-

귀찮다

💬 정말 귀찮아!

What a nuisance!
왓 어 뉴-슨(ㅅ)
How annoying!
하우 어너잉

💬 넌 정말 귀찮아.

You're very trying.
유어 베리 츠라잉
You are bothering me.
유 아- 바더링 미
You are bugging me.
유 아- 버깅 미

💬 좀 내버려 둬.

Don't bother me.
도운(트) 바더 미
Leave me alone.
리-(ㅂ) 미 어로운
Don't put me to trouble.
도운(트) 풋 미 투 츠러블

💬 귀찮아 죽을 것 같아.

I'm plagued to death.
아임 플레익(ㄷ) 투 데쓰

💬 또 시작이야.

Here we go again.
히어 위 고우 어겐

💬 제발 좀 비켜.

Please buzz off.
플리-(ㅈ) 버 저-(ㅍ)

💬 전혀 관심 없어.

I'm not interested at all.
아임 낫 인터레스팃 댓 어얼
I don't want to hear that.
아이 도운(ㅌ) 원(ㅌ) 투 히어 댓

짜증 나다

💬 정말 짜증 나.

How irritating.
하우 이러테이팅
I'm really pissed off.
아임 리얼리 피스 터-(ㅍ)
I'm a nervous wreck.
아이 어 너-버(ㅅ) 렉

💬 걔 때문에 너무 짜증 나.

He frustrates me to no end.
히 프러스츠레잇(ㅊ) 미 투 노우 엔(ㄷ)
He really annoyed me.
히 리얼리 어너잇 미
He really ticked me off.
히 리얼리 틱(ㅌ) 미 어-(ㅍ)

💬 너 때문에 짜증 나기 시작했어!

You are really starting to get on my nerves!
유 아- 리얼리 스타-팅 투 겟 언 마이 너-(ㅂㅅ)

💬 너랑 같이 있으면 짜증 나.

I'm peed off with you.
아임 피- 더-(ㅍ) 윗 유

💬 정말 스트레스 쌓여.

It's really stressful.
잇(ㅊ) 리얼리 스츠레스펄

💬 당장 그만둬! 넌 정말 짜증 나.

Stop that right now! You are getting under my skin.
스탑 댓 라잇 나우! 유 아- 게딩 언더 마이 스킨

💬 별것 아닌 일로 오버하는 거야.

You are making a federal case about it.
유 아- 메이킹 어 페더럴 케이 서바웃 잇

아쉽다

💬 아쉽네요!

That's too bad!
댓(츠) 투- 뱃
What a pity (it is)!
왓 어 피티 (잇 이즈)

💬 그거 유감이네요.

That's a shame.
댓 처 쉐임

💬 그렇게 노력했는데 허사가 됐구나.

All that for nothing.
어얼 댓 퍼 나씽

💬 그건 꼭 봤어야 했는데.

I should've seen it.
아이 슛(ㅂ) 시인 잇

💬 그건 피할 수 있었을텐데.

That could be avoided.
댓 쿠(ㄷ) 비- 어버이딧

💬 아쉽지만 이만 가야겠어요.

I'm afraid I must leave now.
아임 어(ㅍ)레잇 아이 머슷 리-(ㅂ) 나우

💬 아쉽게도 그를 만날 수 없었어요.

To my regret, I couldn't meet him.
투 마이 리그렛, 아이 쿠든(ㅌ) 미잇 힘

긴장하다

💬 좀 긴장되는데.

I'm a little nervous right now.
아임 어 리들 너-버(ㅅ) 라잇 나우

💬 긴장하고 있어요.

I'm on the ball.
아임 언 더 버얼
I'm tense.
아임 텐(ㅅ)

💬 너무 초조해요.

I'm so restless.
아임 소우- 레슷리(ㅅ)

💬 마음이 조마조마해.

I've got butterflies in my stomach.
아이(ㅂ) 갓 버더플라이 진 마이 스터먹

💬 안절부절이에요.

I feel like I have ants in my pants.
아이 피일 라익 아이 해 밴 친 마이 팬(ㅊ)

💬 무릎이 덜덜 떨려요.

My knees are shaking.
마이 니 사- 쉐이킹

💬 손이 땀으로 흠뻑 젖었어.

My hands are sweaty.
마이 핸 자- 스웨티

💬 그렇게 긴장하지 마.

Try not to be so nervous.
츠라이 낫 투 비- 소우- 너-버(ㅅ)
Calm your nerves.
카암 유어 너-(ㅂㅅ)

불평하다

💬 불평 좀 그만해.

Quit your bitching and moaning.
쿠잇 유어 빗췽 앤(ㄷ) 모운잉
Keep your complaints to yourself.
키입 유어 컴플레인(ㅊ) 투 유어셀(ㅍ)
Stop your bellyaching.
스탑 유어 벨리에이킹

💬 또 불평이야.

You're always complaining.
유어 어얼웨이(ㅈ) 컴플레이닝

💬 그렇게 투덜거리지 마!

Never grumble so!
네버 그럼블 소우-

💬 너무 그러지 마.

Why don't you give it a rest?
와이 도운 츄 기 빗 어 레숫

💬 나한테 불만 있어?

Do you have something against me?
두 유 해(ㅂ) 섬씽 어게인숫 미

💬 뭐가 그렇게 불만이야?

What are you complaining about?
왓 아- 유 컴플레이닝 어바웃
What are you so dissatisfied about?
왓 아- 유 소우- 디재티스파잇 어바웃

💬 우린 아무 불만 없어요.

We have nothing to complain of.
위 해(ㅂ) 나씽 투 컴플레인 어(ㅂ)
We have got no complaint.
위 해(ㅂ) 갓 노우 컴플레인(ㅌ)

신경질적이다

💬 그는 신경질적인 기질을 가졌다.

He has a nervous temperament.
히 해즈 어 너-버(ㅅ) 템퍼러먼(ㅌ)
He is a sharp tempered man.
히 이즈 어 샤-(ㅍ) 템퍼(ㄷ) 맨

💬 그녀는 다혈질이다.

She's hot headed.
쉬즈 핫 헤딧
She has quite a personality.
쉬 해즈 쿠아잇 어 퍼-서낼러티

💬 나는 사소한 일에 때때로 쉽게 흥분해요.

I'm sometimes get easily excited about unimportant things.
아임 섬타임(ㅅ) 겟 이-질리 익사이팃 어바웃 언임퍼-턴(ㅌ) 씽(ㅅ)

💬 임신한 여성은 신경이 극도로 예민해져요.

The pregnant woman becomes very nervous.
더 프렉넌(ㅌ) 워먼 비컴(ㅈ) 베리 너-버(ㅅ)

The pregnant woman is highly strung.
더 프렉넌(트) 워먼 이즈 하일리 스츠렁

💬 그녀는 아주 신경질적인 사람이에요.

She is a bag of nerves.
쉬 이즈 어 백 어(ㅂ) 너-(ㅂㅈ)

💬 너는 안절부절 못하고 있잖아.

You're nervous as a cat on a hot tin roof.
유어 너-버 새 저 캣 언 어 핫 틴 루웁

Unit 3 성격

낙천적이다

💬 그는 낙천적이에요.

He is optimistic.
히 이즈 압터미스틱
He is a happy-go-lucky man.
히 이즈 어 해피-고우-럭키 맨
He is an easygoing person.
히 이즈 언 이-지고우잉 퍼-슨
He has a placid temperament.
히 해즈 어 플래싯 템퍼러먼(트)

💬 저는 매사에 낙천적입니다.

I'm optimistic about everything.
아임 압터미스틱 어바웃 에브리씽

💬 그는 낙천적인 인생 철학을 가지고 있어요.

He has an optimistic philosophy of life.
히 해즈 언 압터미스틱 필라서피 어(ㅂ) 라이(ㅍ)
He has a cheerful view of life.
히 해즈 어 취어풀 뷰 어(ㅂ) 라이(ㅍ)

💬 그는 지나치게 낙천적이에요.

He is too optimistic.
히 이즈 투- 압터미스틱
He paints too rosy a picture of affairs.
히 페인(ㅊ) 투- 로우지 어 픽쳐 어 버페어(ㅅ)
He always takes an overly optimistic view of things.
히 어얼웨이(ㅈ) 테익 선 오우버리 압터미스틱 뷰- 어(ㅂ) 씽(ㅅ)

💬 그는 근심이 없어요.

He is free from cares.
히 이즈 프리- 프럼 케어(ㅅ)
He looks carefree.
히 룩(ㅅ) 캐어프리-

착하다

💬 그는 마음이 착해요.

He is good-natured.
히 이즈 굿-네이쳐(ㄷ)
He is good-tempered.
히 이즈 굿 템퍼(ㄷ)
He is kindhearted.
히 이즈 카인(ㄷ)하-팃
He is tenderhearted.
히 이즈 텐더하-팃
He is warmhearted.
히 이즈 워엄하-팃
He is of good disposition.
히 이즈 어(ㅂ) 굿 디스퍼지션
He has a sweet temper.
히 해즈 어 스위잇 템퍼

💬 그녀는 인정 많은 사람이에요.

She is a kindhearted woman.
쉬 이즈 어 카인(ㄷ)하-팃 워먼

💬 그는 마음은 착하지만 센스가 부족해요.

He has a good heart but poor sense.
히 해즈 어 굿 하-(ㅌ) 벗 푸어 센(ㅅ)

💬 그는 태도가 거칠지만, 천성은 착해요.

He has a rough manner, but deep down he is quite nice.
히 해즈 어 럽 매너, 벗 디입 다운 히 이즈 쿠아잇 나이(ㅅ)

💬 이리 온, 착하지.

Come here, that's a good boy [girl].
컴 히어, 댓 처 굿 버이 [거얼]

진취적이다

💬 저는 진취적이고 외향적인 성격이에요.

I'm aggressive and outgoing.
아임 어그레시 밴 다웃고우잉

💬 저는 쾌활하고 사교적이에요.

I'm a cheerful and outgoing.
아임 어 취어풀 앤(ㄷ) 아웃고우잉
I have an outgoing and gregarious personality.
아이 해 번 아웃고우잉 앤(ㄷ) 그레게리어(ㅅ) 퍼-스낼러티

💬 그는 외향적이에요.

He is extroverted.
히 이즈 엑스츠러버-팃
He is outgoing.
히 이즈 아웃고우잉

💬 그는 의욕적이에요.

He is ambitious.
히 이즈 앰비셔(ㅅ)

💬 그녀는 매사에 적극적이에요.

She is very active in everything.
쉬 이즈 베리 액티 빈 에브리씽

💬 우리 할머니는 아직도 혈기 왕성하시죠.

My grandmother is still up and coming.
마이 그랜(ㄷ)마더 이즈 스틸 업 앤(ㄷ) 커밍

💬 그는 지나치게 활동적이야.

He is hyperactive.
히 이즈 하이퍼랙티(ㅂ)

순진하다

💬 그녀는 정말 순진해요.

She's so naive.
쉬(ㅈ) 소우- 나이(ㅂ)
She's so pure.
쉬(ㅈ) 소우- 퓨어
She's a person with a simple heart.
쉬(ㅈ) 어 퍼-슨 윗 어 심플 하-(ㅌ)
She's as innocent as a lamb.
쉬(ㅈ) 애 지너선 태 저 램
She's a person pure as driven snow.
쉬(ㅈ) 어 퍼-슨 퓨어 애(ㅈ) 드라이븐 스노우

💬 그를 믿다니 너도 참 순진하구나.

It's so naive of you to believe him.
잇(ㅊ) 소우- 나이(ㅂ) 어 뷰 투 빌리-(ㅂ) 힘

💬 넌 어쩌면 그렇게 순진하니?

Why are you so naive?
와이 아- 유 소우- 나이(ㅂ)
How could you have been so innocent?
하우 쿠 쥬 해(ㅂ) 빈 소우- 이노썬(ㅌ)

💬 순진한 척 내숭 떨지 마.

Don't come the young innocent.
도운(ㅌ) 컴 더 영 이너선(ㅌ)

💬 사람 다루는 면에 있어서 그는 너무 순진해.

He is a babe in the woods when it comes to dealing with people.
히 이즈 어 베입 인 디 우(ㅈ) 웬 잇 컴(ㅅ) 투 디일링 윗 피-플

내성적이다

💬 전 성격이 좀 내성적이에요.

I'm a kind of introvert.
아임 어 카인 더 빈츠러버-(ㅌ)
I'm sort of shy.
아임 서- 터(ㅂ) 샤이

💬 전 소극적인 편입니다.

I tend to be withdrawn.
아이 텐(ㄷ) 투 비- 윗드러운
I'm fairly reserved.
아임 페어리 리저-붓

💬 그는 감정을 잘 드러내지 않는 사람이야.

He is an inhibited person.
히 이즈 언 인히빗팃 퍼-슨

💬 그녀는 과묵해.

She is reserved.
쉬 이즈 리저-븟

💬 천성적으로 수줍음을 잘 타요.

I'm shy by nature.
아임 샤이 바이 네이쳐

💬 낯을 가리는 편이에요.

I'm shy with strangers.
아임 샤이 윗 스츠레인저(ㅅ)

💬 저는 마음을 여는데 시간이 걸려요.

I need time to open up.
아이 니잇 타임 투 오우펀 업

💬 그다지 사교적이지는 않아요.

I'm not really sociable.
아임 낫 리얼리 소우셔블

우유부단하다

💬 그는 우유부단한 사람이야.

He is an irresolute man.
히 이즈 언 이레절루웃 맨
He is a man of indecision.
히 이즈 언 맨 어 빈디시전
He does not know his own mind.
히 더즈 낫 노우 히스 오운 마인(드)

💬 나는 정말 우유부단한 성격이야.

I'm really wishy-washy.
아임 리얼리 위쉬-워쉬
I'm really shilly-shallying.
아임 리얼리 실리-샐리잉

💬 그는 의지가 약한 사람이야.

He is an weak-willed man.
히 이즈 언 위익-윌(드) 맨

💬 너는 그 문제에 대해 너무 우유부단해.

You're so wishy-washy about the subject.
유어 소우- 위쉬-워쉬 어바웃 더 섭젝(트)

💬 그는 항상 결정을 내리는 데 주저한다.

He is always hesitant to make a decision.
히 이즈 어얼웨이(ㅈ) 헤지틴(ㅌ) 투 메익 어 디시전

💬 우유부단한 태도를 버리고 결정을 해라.

Stop sitting on the fence and make up your mind.
스탑 시딩 언 더 펜 샌(ㄷ) 메익 업 유어 마인(ㄷ)

비관적이다

💬 넌 너무 비관적이야.

You are too pessimistic.
유 아- 투- 페서미스틱

💬 그는 매사를 비관적으로 생각한다.

He thinks gloomily of everything.
히 씽(ㅅ) 글루-밀리 어(ㅂ) 에브리씽
He looks on the dark side of things.
히 룩 선 더 다-(ㅋ) 사이 더(ㅂ) 씽(ㅅ)
He has a pessimistic point of view.
히 해즈 어 페서미스틱 퍼인 터(ㅂ) 뷰-

💬 저는 좀 비관적인 성격이에요.

I'm sort of a pessimist.
아임 서- 터 버 페서미슷

💬 저는 비관적인 인생관을 가지고 있어요.

I take a dark view of life.
아이 테익 어 다-(ㅋ) 뷰- 어(ㅂ) 라이(ㅍ)
I have a negative outlook on life.
아이 해 버 네거티(ㅂ) 아욱룩 언 라이(ㅍ)

💬 너무 그렇게 비관적으로만 보지 마.

Don't look at things so half-empty.
도운(ㅌ) 룩 앳 씽(ㅅ) 소우- 하(ㅍ)-엠티

이기적이다

💬 그는 너무 이기적이에요.

He is so egoistical.
히 이즈 소우- 이-고우스티컬
He is an egocentric person.
히 이즈 언 이-고우센츠릭 퍼-슨
He has a selfish personality.
히 해즈 언 셀피쉬 퍼-스낼러티

💬 넌 너밖에 모르는 사람이야.

You always only think of yourself.
유 어얼웨이(ㅈ) 오운리 씽 커 뷰어셀(ㅍ)
You are self-seeking.
유 아- 셀(ㅍ)-시-킹
You are guided by self-interest.
유 아- 가이딧 바이 셀-핀터레슷

💬 그렇게 이기적으로 굴지 마.

Don't be so self-centered.
도운(트) 비- 소우- 셀(ㅍ)-센터(ㄷ)

💬 그는 이기적인 경향이 있다.

He tends toward selfishness.
히 텐(ㅈ) 터-(ㄷ) 셀피쉬니(ㅅ)

💬 그는 다른 사람의 감정은 생각하지 않아.

He doesn't consider the feelings of other people.
히 더즌(ㅌ) 컨시더 더 피-링 서(ㅂ) 어더 피-플

💬 그는 과잉보호를 받아서 자기밖에 몰라요.

He was selfish as he lived off the tit.
히 워즈 셀피쉬 애(ㅈ) 히 리(ㅂ) 더-(ㅍ) 더 팃

Unit 4 기호

좋아하다

💬 나는 음악을 좋아해요.

I love music.
아이 러(ㅂ) 뮤-직
I'm fond of music.
아임 판 더(ㅂ) 뮤-직
I delight in music.
아이 딜라잇 인 뮤-직

💬 나는 운동을 무척 좋아해요.

I'm a lover of sports.
아임 어 러버 어(ㅂ) 스퍼-(ㅊ)
I have a penchant for sports.
아이 해 버 펜천(ㅌ) 퍼 스퍼-(ㅊ)
I have a passion for sports.
아이 해 버 패션 퍼 스퍼-(ㅊ)
I'm a sports fan.
아임 어 스퍼-(ㅊ) 팬

💬 커피보다는 차를 좋아해요.

I prefer tea to coffee.
아이 프리퍼 티- 투 커-피
I'd like tea better than coffee.
아이(ㄷ) 라익 티 베더 댄 커-피

💬 그가 좋아 미칠 지경이에요.

I'm just crazy about him.
아임 저슷 크레이지 어바웃 힘

💬 그는 내가 좋아하는 사람이에요.

He is one of my favorites.
히 이즈 원 어(ㅂ) 마이 페이버릿(ㅊ)

싫어하다

💬 그다지 좋아하지는 않아요.

I don't like it very much.
아이 도운(ㅌ) 라익 잇 베리 머취

💬 나는 그게 제일 싫어요.

I like it least of all.
아이 라익 잇 리-슷 어(ㅂ) 어얼

💬 나는 이런 종류의 음식을 싫어해요.

I dislike this kind of food.
아이 디스라익 디스 카인 더(ㅂ) 푸웃

💬 그는 나를 송충이 대하듯 싫어해요.

He hates me like a serpent.
히 해잇(ㅊ) 미 라익 어 서-펀(ㅌ)
He hates me like a viper.
히 헤잇(ㅊ) 미 라익 어 바이퍼

💬 그는 대중 앞에 나서는 걸 아주 싫어해요.

He has a disinclination to speaking in public.
히 해즈 어 디신클러네이션 투 스피-킹 인 펍릭
He detests speaking in public.
히 디테스(ㅊ) 스피-킹 인 펍릭
He is allergic to speaking in public.
히 이즈 얼러직 투 스피-킹 인 펍릭

💬 그는 내 친구들을 별로 좋아하지 않아요.

He doesn't much care for my friends.
히 더즌(ㅌ) 머취 케어 퍼 마이 프렌(ㅈ)

Chapter 05
여행 가서도 척척!

Unit 1 **출발 전**
Unit 2 **공항**
Unit 3 **기내**
Unit 4 **숙박**
Unit 5 **관광**
Unit 6 **교통**

Unit 1 출발 전

항공권 예약

💬 어떻게 여행하실 건가요? 비행기로 가시나요?

How are you going? Are you flying?
하우 아- 유 고우잉? 아- 유 플라잉

💬 목적지가 어디신가요?

What's your destination?
왓 츄어 데스티네이션

💬 언제 떠날 예정인가요?

When would like to leave?
웬 우(ㄷ) 라익 투 리-(ㅂ)
When do you plan on departing?
웬 두 유 플랜 언 디파-팅

💬 편도인가요 왕복인가요?

One way, or round trip?
원 웨이 어 라운(ㄷ) 츠립
Would that be one way or a round trip?
우(ㄷ) 댓 비- 원 웨이 어 어 라운(ㄷ) 츠립

💬 편도 요금은 500달러이고 왕복 요금은 700달러입니다.

It costs 500 dollars single and 700 dollars round trip.

잇 커-슷 파이(ㅂ) 헌드레(ㄷ) 달러(ㅈ) 싱글 앤(ㄷ) 세븐 헌드레(ㄷ) 달러(ㅈ) 라운(ㄷ) 츠립

💬 그럼 왕복표로 주세요.

Then give me a round-trip ticket, please.

덴 기(ㅂ) 미 어 라운(ㄷ)츠립 티킷, 플리-(ㅈ)

💬 뉴욕으로 가는 비행기를 예약하고 싶은데요.

I'd like to book a flight for New York.

아이(ㄷ) 라익 투 북 어 플라잇 퍼 누-여억

💬 뉴욕에서 서울로 가는 비행기를 예약하고 싶은데요.

I want to reserve a seat from New York to Seoul.

아이 원(ㅌ) 투 리저- 버 시잇 프럼 누-여억 투 소울

💬 대한항공 201편을 예약하고 싶은데요.

I'd like to reserve a seat on KAL Flight 201.

아이(드) 라익 투 리저- 버 시잇 언 케이에이엘 플라잇 투지어로우원

💬 뉴욕행 편도로 한 장 부탁 드립니다.

A one way ticket to New York, please.

어 원 웨이 티킷 투 누-여억, 플리-(ㅈ)

💬 편도로 가장 싼 티켓은 얼마입니까?

What's the cheapest fare, one way?

왓(ㅊ) 더 칩피-슷 페어, 원 웨이

💬 뉴욕행 이코노미석 티켓 가격은 얼마인가요?

How much is an economy class to New York?

하우 머취 이즈 언 이커너미 클래(ㅅ) 투 누-여억

💬 왕복표는 며칠 간 유효합니까?

How long is a round trip good for?

하우 러엉 이즈 어 라운(드) 츠립 굿 퍼

예약 확인 & 변경

💬 예약을 재확인 하려고 싶은데요.

I want to reconfirm my reservation.
아이 원(트) 투 리컨퍼엄 마이 레저베이션

💬 성함과 비행편을 말씀해 주시겠어요?

May I have your name and flight number?
메이 아이 해 뷰어 네임 앤(드) 플라잇 넘버

💬 예약 번호를 알려 주시겠습니까?

Could you tell me your reservation number?
쿠 쥬 텔 미 유어 레저베이션 넘버

💬 12월 1일 서울행 704편입니다. 제 예약 번호는 123456입니다.

I'm on flight 704 to Seoul on December 1. My reservation number is 123456.
아임 언 플라잇 세븐 오우 퍼- 투 소울 언 디셈버 퍼-슷. 마이 레저베이션 넘버 이즈 원투-쓰리-퍼-파이(브)식(스)

💬 4월 1일의 예약을 취소하고, 대신 4월 10일로 예약해 주세요.

I'd like to cancel my reservation for the flight on April 1, and book on April 10 instead, please.

아이(ㄷ) 라익 투 캔설 마이 레저베이션 퍼 더 플라잇 언 에이(ㅍ)릴 퍼-슷, 앤(ㄷ) 북 언 에이(ㅍ)릴 텐쓰 인스텟, 플리-(ㅈ)

여권

💬 여권을 신청하려 하는데요.

I'd like to apply for a passport.

아이(ㄷ) 라익 투 어플라이 퍼 어 패스퍼-(ㅌ)

💬 여권을 발급하려면 어디로 가야 하나요?

Where can I get a passport?

웨어 캔 아이 겟 어 패스퍼-(ㅌ)

💬 여권을 만드는 데 얼마나 걸리나요?

How long does it take to get a passport?
하우 러엉 더즈 잇 테익 투 겟 어 패스퍼-(ㅌ)

💬 여권을 발급하려면 무엇을 준비해야 하나요?

What should I prepare to get a passport?
왓 슈 다이 프리패어 투 겟 어 패스퍼-(ㅌ)

💬 제 여권은 금년 말로 만기가 됩니다.

My passport expires at the end of the year.
마이 패스퍼-(ㅌ) 익스파이어 잿 디 엔 더(ㅂ) 더 이어

💬 여권이 곧 만기되기 때문에 갱신해야 해요.

I have to renew my passport because it's due to expire soon.
아이 해(ㅂ) 투 리누- 마이 패스퍼-(ㅌ) 비커-(ㅈ) 잇(ㅊ) 듀- 투 익스파이어 수운

비자

💬 미국 비자를 신청하고 싶습니다.

I want to apply for a visa for the United States.
아이 원(ㅌ) 투 어플라이 퍼 어 비자 퍼 디 유나이팃 스테이(ㅊ)

💬 비자 신청은 이번이 두 번째입니다.

This is my second visa application.
디스 이즈 마이 세컨(ㄷ) 비자 어플리케이션

💬 비자 연장을 신청하고 싶은데요.

I'd like to apply for a visa extension.
아이(ㄷ) 라익 투 어플라이 퍼 어 비자 익스텐션

💬 비자 발급에 얼마나 걸리죠?

How long does it take to get a visa?
하우 러엉 더즈 잇 테익 투 겟 어 비자
How long do I have to wait to get a visa?
하우 러엉 두 아이 해(ㅂ) 투 웨잇 투 겟 어 비자

💬 이 비자의 유효 기간은 30일입니다.

This visa is good for 30 days only.
디스 비자 이즈 굿 퍼 써-티 데이 오운리

💬 비자 발급 수수료 15달러를 지불하셔야 합니다.

You should pay 15 dollars for visa fee.
유 슈(ㄷ) 페이 핍틴 달러(ㅈ) 퍼 비자 피-

💬 비자 발급이 허가되었는지 알고 싶은데요.

I want to find out if the authorization for my visa has come through yet.
아이 원(트) 투 파인 다웃 이(ㅍ) 디 어-쓰리제이션 퍼 마이 비자 해즈 컴 쓰루- 옛

💬 관광차 호주에 가려고 하는데 비자가 필요한가요?

I'm planning to go to Australia for business. Do I need a visa?
아임 플래닝 투 고우 투 어스츠레일려 퍼 비즈니(ㅅ). 두 아이 니잇 어 비자

💬 호주에서는 6개월 간 무비자로 머무를 수 있습니다.

Without a visa, you can stay in Australia for 6 months.
위다옷 어 비자 유 캔 스테이 인 어스츠레일려 퍼 식(ㅅ) 먼쓰(ㅈ)

💬 만기 전에 비자를 갱신하세요.

Please renew your visa before it expires.
플리-(ㅈ) 리누- 유어 비자 비퍼- 잇 익스파이어(ㅅ)

💬 무슨 비자를 가지고 계십니까?

What is your visa status?
왓 이즈 유어 비자 스테이터(ㅅ)

💬 학생 비자로 방문하셨군요.

I see you have a student visa.
아이 시- 유 해 버 스튜-든(ㅌ) 비자

Unit 2 공항

공항 이용

💬 늦어도 출발 한 시간 전에는 탑승 수속을 해 주세요.

Please check in at least 1 hour before departure time.
플리-(ㅈ) 첵 인 앳 리-슷 원 아워 비퍼- 디파-처 타임

💬 탑승 수속을 위해 출발 두 시간 전까지는 공항에 도착해야 합니다.

You should arrive at the airport at least 2 hours before your flight time to check in.
유 슈(ㄷ) 어라이 뱃 디 에어퍼-(ㅌ) 앳 리-슷 투- 아워(ㅅ) 비퍼- 유어 플라잇 타임 투 첵 인

💬 부치실 짐이 있습니까?

Do you have any baggage to check?
두 유 해 배니 배기쥐 투 첵

💬 파리로 가는 연결편을 타야 하는데요.

I need to catch the connection flight to Paris.
아이 니잇 투 캣취 더 커넥션 플라잇 투 패리(ㅅ)

💬 국제선 터미널은 어디인가요?

Where is the international terminal?
웨어 이즈 디 인터내셔널 터-미널

💬 비행기가 연착해서 연결편을 놓쳤어요.

I missed the connection flight because my flight was delayed.
아이 미숫 더 커넥션 플라잇 비커-(ㅈ) 마이 플라잇 워즈 딜레잇

💬 다음 편에 탑승하시도록 해 드릴게요.

I'll put you on the next flight.
아일 풋 유 언 더 넥슷 플라잇

티켓팅

💬 대한항공 카운터는 어디입니까?

Where is the KAL office?
웨어 이즈 더 케이에이엘 어-피(ㅅ)

💬 다음 창구로 가십시오.

You may proceed to the next window.
유 메이 프로시잇 투 더 넥슷 윈도우

💬 인터넷으로 비행기를 예약했습니다.

I reserved a flight on the Internet.
아이 리저-(ㅂ) 더 플라잇 언 디 인터-넷

💬 금연석으로 주세요.

A non-smoking seat, please.
어 난 스모우킹 시잇, 플리-(ㅈ)

💬 창가 쪽 좌석을 부탁합니다.

I'd like a window seat, please.
아이(ㄷ) 라익 어 윈도우 시잇, 플리-(ㅈ)

💬 체크인은 몇 시입니까?

What is the check-in time?
왓 이즈 더 첵 인 타임

💬 서울행 KAL은 몇 번 게이트입니까?

What is the gate number for KAL to Seoul?
왓 이즈 더 게잇 넘버 퍼 케이에이엘 투 소울

보딩

💬 탑승 수속은 언제 합니까?

When should I check in?
웬 슈 다이 첵 인
What time do you start boarding?
왓 타임 두 유 스타-(트) 버-딩

💬 어느 출입구로 가면 됩니까?

Which gate do I go to?
윗취 게잇 두 아이 고우 투

💬 곧 탑승을 시작하겠습니다.

We will begin boarding soon.
위 윌 비긴 버-딩 수운

- 탑승권을 보여 주시겠습니까?

    May I see your boarding pass, please?
    메이 아이 시- 유어 버-딩 패(ㅅ), 플리-(ㅈ)

- 대한항공 702편을 이용하시는 모든 승객 여러분께서는 12번 탑승구에서 탑승 수속을 하시기 바랍니다.

    All passengers using KE 702, please report to Gate 12 for boarding.
    어얼 패신저(ㅅ) 유-징 케이- 세븐오우투-,
    플리-(ㅈ) 리퍼-(ㅌ) 투 게잇 트웰(ㅂ) 퍼 버-딩

- 오전 10시에 출발하는 605편기 탑승구가 변경되었습니다. 새 탑승구는 B29입니다.

    Flight 605, departing at 10 am, has had a gate change. The new departure gate is B29.
    플라잇 식(ㅅ)지어로우파이(ㅂ), 디파-팅 앳 텐 에이엠,
    해즈 해 더 게잇 체인쥐. 더 누- 디파-처 게잇 이즈
    비- 트웬티나인

세관

💬 세관 신고서를 작성해 주세요.

Please fill out this customs declaration.
플리-(ㅈ) 필 아웃 디스 커스텀(ㅅ) 데클러레이션

💬 세관 신고서를 보여 주시겠어요?

Can I see your customs declaration?
캔 아이 시- 유어 커스텀(ㅅ) 데클러레이션

💬 신고하실 물품이 있습니까?

Anything to declare?
애니씽 투 디클레어
Do you have anything to declare?
두 유 해 애니씽 투 디클레어
What do you have to declare?
왓 두 유 해(ㅂ) 투 디클레어

💬 신고할 것은 없습니다.

Nothing.
나씽
I have nothing to declare.
아이 해(ㅂ) 나씽 투 디클레어

💬 가방을 테이블 위에 올려 주세요.

Please place your bags on the table.
플리-(ㅈ) 플레이(ㅅ) 유어 백 선 더 테이블

💬 이것은 제가 사용하는 거예요.

It's for my own use.
잇(ㅊ) 퍼 마이 오운 유-(ㅈ)
It's for my personal use.
잇(ㅊ) 퍼 마이 퍼-스널 유-(ㅈ)

💬 액체류는 반입할 수 없습니다.

You cannot bring in any liquids.
유 캔낫 브링 인 애니 리쿠이(ㅈ)

면세점 이용

💬 면세점은 어디 있어요?

Where are the duty-free shops?
웨어 아- 더 듀-티 프리- 샵(ㅅ)

395

💬 면세점에서 쇼핑할 시간이 있을까요?

Will we have time to do some duty free shopping?
월 위 해(ㅂ) 타임 투 두 섬 듀-티 프리- 샤핑

💬 면세점에서는 훨씬 쌀 거예요.

It'll probably be even cheaper in the duty-free shop.
잇일 프라버블리 비- 이븐 치-퍼 인 더 듀-티 프리- 샵

💬 여행자 수표도 받습니까?

Do you accept traveler's checks?
두 유 액셉(ㅌ) 츠래블러(ㅅ) 첵(ㅅ)

💬 네. 신분증을 가지고 계신가요?

Yes. Do you have any identification?
예스. 두 유 해 배니 아이덴티피케이션

출국 심사

💬 여권을 보여 주시겠어요?

May I see your passport, please?
메이 아이 시- 유어 패스퍼-(트), 플리-(즈)

💬 출국 신고서를 주시겠어요?

Can you hand in your departure card?
캔 유 핸 딘 유어 디파-쳐 카-(드)

💬 출국 신고서 작성법을 알려 주시겠어요?

Can you give me hand filling out this departure card?
캔 유 기(ㅂ) 미 핸(드) 필링 아웃 디스 디파-쳐 카-(드)

💬 어디까지 가십니까?

Where are you headed?
웨어 아- 유 헤딧

💬 뉴욕에 가는 중입니다.

I'm on my way to New York.
아임 언 마이 웨이 투 누-여억

💬 언제 돌아오십니까?

When are you going to return?
웬 아- 유 고우잉 투 리터언

💬 일행이 있습니까?

Who is going with you?
후 이즈 고우잉 윗 유

💬 상사와 함께 갑니다.

I'm going with my boss.
아임 고우잉 윗 마이 버-(ㅅ)

입국 심사

💬 여권과 입국 신고서를 보여 주시겠어요?

May I see your passport and landing card, please?
메이 아이 시- 유어 패스퍼-(ㅌ) 앤(ㄷ) 랜딩 카-(ㄷ), 플리-(ㅈ)

💬 국적은 어디입니까?

What is your nationality, please?
왓 이즈 유어 내셔낼러티, 플리-(ㅈ)

Where are you from?
웨어 아- 유 프럼

💬 미국에서 목적지는 어디입니까?

What is your destination in the United States?
왓 이즈 유어 데스티네이션 인 디 유나잇 스테이(ㅊ)

💬 방문 목적은 무엇입니까?

What's the purpose of your visit?
왓(ㅊ) 더 퍼-퍼(ㅈ) 어 뷰어 비짓

What are you here for?
왓 아- 유 히어 퍼

What brought you here?
왓 브로웃 유 히어

💬 관광차 왔습니다.

I'm here just for sightseeing.
아임 히어 저슷 퍼 사잇시-잉

For travelling.
퍼 츠레블링

399

💬 사업차 왔습니다.

I'm here on business.
아임 히어 언 비즈니(ㅅ)

💬 친척들을 만나러 왔어요.

I'm here to visit my relatives.
아임 히어 투 비짓 마이 레러티(ㅂㅅ)

💬 이 나라에서는 얼마 동안 머물 예정입니까?

How long are you going to stay in this country?
하우 러엉 아- 유 고우잉 투 스테이 인 디스 컨츠리
How long will you be here?
하우 러엉 윌 유 비- 히어

💬 일주일 간 머물 예정입니다.

I'll stay for 7 days.
아일 스테이 퍼 세븐 데이(ㅈ)
I'll be here for 7 days.
아일 비- 히어 퍼 세븐 데이(ㅈ)
7 days.
세븐 데이(ㅈ)

💬 돌아갈 항공권을 갖고 있습니까?

Do you have a return airplane ticket?
두 유 해 버 리터언 에어플레인 티킷

💬 직업은 무엇입니까?

What's your occupation?
왓 츄어 어큐페이션

💬 단체 여행객입니까?

Are you traveling in a group?
아- 유 츠레블링 인 어 그루웁

💬 첫 방문입니까?

Is this your first visit?
이즈 디스 유어 퍼-슷 비짓

💬 네, 처음입니다.

Yes, it's my first time.
예스, 잇(ㅊ) 마이 퍼-슷 타임

💬 숙소는 어디입니까?

Where are you going to stay?
웨어 아- 유 고우잉 투 스테이

💬 친구의 집에 머물 거예요.

I'm going to stay at my friend's house.
아임 고우잉 투 스테이 앳 마이 프렌(ㅈ) 하우(ㅅ)

💬 힐튼 호텔에 머물 겁니다.

I'm going to be staying at the Hilton hotel.
아임 고우잉 투 비- 스테잉 앳 더 힐튼 호우텔
At the Hilton hotel.
앳 더 힐튼 호우텔

💬 얼마를 소지하고 계십니까?

How much money do you have?
하우 머취 머니 두 유 해(ㅂ)

💬 1,500달러를 갖고 있습니다.

I have about $1,500.
아이 해 버바웃 핍틴 헌드레(ㄷ) 달러(ㅈ)

💬 여행자 수표로 500달러, 현금으로 500달러 가지고 있습니다.

I have $500 in traveler's checks and $500 in cash.
아이 해(ㅂ) 파이(ㅂ) 헌드레(ㄷ) 인 츠레블러(ㅅ) 첵(ㅅ) 앤(ㄷ) 파이(ㅂ) 헌드레(ㄷ) 인 캐쉬

짐을 찾을 때

💬 제 짐을 찾으려면 어디로 가야 하나요?

Where can I pick up my baggage?
웨어 캔 아이 픽 업 마이 배기쥐

💬 수하물계로 가십시오.

You can proceed to the baggage counter.
유 캔 프러시잇 투 더 배기쥐 카운터

💬 제 짐이 보이지 않아요.

My baggage isn't here.
마이 배기쥐 이즌(ㅌ) 히어
I can't find my suitcase.
아이 캔(ㅌ) 파인(ㄷ) 마이 수웃케이(ㅅ)
I think my baggage is missing.
아이 싱(ㅋ) 마이 배기쥐 이즈 미싱

💬 제 짐이 어디 있는지 확인해 주시겠어요?

Can you check to see where my baggage is?
캔 유 첵 투 시- 웨어 마이 배기쥐 이즈

💬 제 짐이 파손됐어요.

My baggage was damaged.
마이 배기쥐 워즈 대미쥐(ㄷ)

💬 제 짐이 아직 도착하지 않았어요.

My baggage hasn't arrived yet.
마이 배기쥐 해즌(ㅌ) 어라입(ㄷ) 옛

마중

💬 공항에 누가 마중 나와 있습니까?

Will someone pick you up at the airport?
윌 섬원 픽 유 업 앳 디 에어퍼-(ㅌ)
Will someone be meeting you at the airport?
윌 섬원 비- 미-팅 유 앳 디 에어퍼-(ㅌ)

💬 공항에 마중 나와 주시겠습니까?

Can you meet me at the airport?
캔 유 미잇 미 앳 디 에어퍼-(ㅌ)
Can you come for me to the airport?
캔 유 컴 퍼 미 투 디 에어퍼-(ㅌ)

💬 공항에 누구 좀 마중 나오게 해 주시겠어요?

Can you arrange to have someone meet me at the airport?
캔 유 어랜쥐 투 해(ㅂ) 섬원 미잇 미 앳 디 에어퍼-(트)

💬 우리를 마중 나와 줘서 고마워요.

Thanks for coming out to get us.
쌩(ㅅ) 퍼 커밍 아웃 투 겟 어스
Thank you for meeting my plane.
쌩 큐 퍼 미-팅 마이 플레인

💬 당신을 마중하도록 차를 예약해 놓을게요.

I'll arrange for a car to meet you at the airport.
아일 어랜쥐 퍼 러 카- 투 미잇 유 앳 디 에어퍼-(트)

💬 내가 공항에 마중하러 나갈게요.

I'll meet your plane.
아일 미잇 유어 플레인
I'll pick you up at the airport.
아일 픽 유 업 앳 디 에어퍼-(트)

공항 기타

💬 LA를 경유해서 갑니다.

I'll go via L.A.
아일 고우 비-어 엘에이

💬 이 비행기는 파리 경유 런던행이에요.

It's a plane to London via Paris.
잇 처 플레인 투 런던 비-어 패리(ㅅ)
It's a plane to London by way of Paris.
잇 처 플레인 투 런던 바이 웨이 어(ㅂ) 패리(ㅅ)

💬 샌프란시스코를 경유하도록 노선을 정해 주세요.

Please route me via San Francisco.
플리-(ㅈ) 루웃 미 비-어 샌프랜시스코우

💬 나는 그리스를 경유하여 유럽을 여행할 거야.

I'll travel Europe by Greece.
아일 츠래블 유어럽 바이 그리-(ㅅ)

💬 이 비행기는 시카고로 직항합니다.

This plane is flying direct to Chicago.
디스 플레인 이즈 플라잉 디렉(ㅌ) 투 시카-고우

💬 제가 탈 비행기는 시드니 직항입니까?

Is my flight non-stop to Sydney?
이즈 마이 플라잇 난 스탑 투 싯니

💬 안개 때문에 공항에서 꼼짝 못하고 있었다.

I was fogbound at the airport.
아이 워즈 폭바운(드) 앳 디 에어퍼-(트)

Unit 3 기내

기내 좌석 찾기

💬 탑승권을 보여 주시겠습니까?

May I see your boarding pass, please?
메이 아이 시- 유어 버-딩 패(ㅅ), 플리-(ㅈ)
Would you please show me your boarding pass?
우 쥬 플리-(ㅈ) 쇼우 미 유어 버-딩 패(ㅅ)

💬 좌석을 안내해 드릴까요?

May I help you find your seat?
메이 아이 헬 퓨 파인 쥬어 시잇

💬 이쪽입니다. 손님 좌석은 바로 저쪽입니다.

This way, please. Your seat is just over there.
디스 웨이, 플리-(ㅈ). 유어 시잇 이즈 저슷 오우버 데어

💬 소지품을 기내에 둬도 됩니까?

May I leave my belongings in this flight?
메이 아이 리-(ㅂ) 마이 빌러엉잉 신 디스 플라잇

💬 이 가방을 선반 위에 올려 놓도록 도와주시겠습니까?

Will you please help me to put this bag up on the rack?

윌 유 플리-(ㅈ) 헬(ㅍ) 미 투 풋 디스 백 업 언 더 랙

💬 잠시 후에 이륙합니다.

We are taking off shortly.

위 아- 테이킹 어-(ㅍ) 셔-(ㅌ)리

💬 좌석 벨트를 매 주십시오.

Please fasten your seat belt.

플리-(ㅈ) 패슨 유어 시잇 벨(ㅌ)

기내에서

💬 잡지나 읽을거리를 좀 주시겠어요?

May I have a magazine or something to read?

메이 아이 해 버 매거진 어 섬씽 투 리잇

💬 담요와 베개를 주시겠습니까?

May I have a blanket and a pillow?
메이 아이 해 버 블랭킷 앤(ㄷ) 어 필로우
Could you get me a blanket and a pillow, please?
쿠 쥬 겟 미 어 블랭킷 앤(ㄷ) 어 필로우, 플리-(ㅈ)

💬 실례합니다. 저랑 자리를 바꿔 주실 수 있습니까?

Excuse me. Would you mind trading seats with me?
익스큐-(ㅈ) 미. 우 쥬 마인(ㄷ) 츠레이딩 시잇(ㅊ) 윗 미

💬 비행시간은 얼마나 걸립니까?

How long does the flight take?
하우 러엉 더즈 더 플라잇 테익

💬 서울과 뉴욕의 시차는 얼마입니까?

What's the time difference between Seoul and New York?
왓(ㅊ) 더 타임 디퍼런(ㅅ) 빗위인 소울 앤(ㄷ) 누-여억

💬 비행기가 완전히 멈출 때까지 좌석에서 기다려 주세요.

Please remain in your seat until the aircraft comes to a complete stop.
플리-(ㅈ) 리메인 인 유어 시잇 언틸 디 에어크래풋 컴(ㅅ) 투 어 컴플리잇 스탑

기내식

💬 음료수는 무엇으로 하시겠습니까?

What would you like to drink?
왓 우 쥬 라익 투 드링(ㅋ)

💬 음료수를 좀 주시겠습니까?

Can I get something to drink?
캔 아이 겟 섬씽 투 드링(ㅋ)

💬 식사는 소고기와 생선 중 무엇으로 하시겠습니까?

Would you like beef or fish for dinner?
우 쥬 라익 비입 어 피쉬 퍼 디너

Which would you prefer, beef or fish?
윗취 우 쥬 프리퍼, 비입 어 피쉬

💬 스테이크로 할게요.

> Steak, please.
> 스테익 플리-(ㅈ)
> I'd like steak for dinner.
> 아이(ㄷ) 라익 스테익 퍼 디너

💬 디저트는 됐습니다.

> I don't care for any dessert.
> 아이 도운(ㅌ) 캐어 퍼 애니 디저-(ㅌ)
> I'll skip dessert.
> 아일 스킵 디저-(ㅌ)

💬 물 한 컵 주시겠어요?

> I'd like to have a glass of water, please.
> 아이(ㄷ) 라익 투 해 버 글래 서(ㅂ) 워-터, 플리-(ㅈ)

💬 테이블을 치워 드릴까요?

> Can I clear the table?
> 캔 아이 클리어 더 테이블

Unit 4 숙박

숙박 시설 예약

💬 예약을 하고 싶습니다.

I'd like to make a reservation.
아이(ㄷ) 라익 투 메익 어 레저베이션
I'd like to book a room.
아이(ㄷ) 라익 투 북 어 루움

💬 다음 주에 2박을 예약하고 싶습니다.

I'd like to make a reservation for 2 nights next week.
아이(ㄷ) 라익 투 메익 어 레저베이션 퍼 투- 나잇(ㅊ)
넥슷 위익

💬 죄송합니다, 방이 만원입니다.

Sorry, sir. We're full.
서-리, 서(ㄹ). 위어 풀
I'm sorry we're all booked up.
아임 서-리 위어 어얼 북 텁

💬 어떤 방을 원하십니까?

What kind of room do you have in mind?
왓 카인 더(ㅂ) 루움 두 유 해 빈 마인(ㄷ)

💬 욕실이 있는 싱글룸으로 부탁합니다.

I'd like a single room with bath.
아이(ㄷ) 라익 어 싱글 루움 윗 배쓰

💬 바다가 보이는 방으로 부탁합니다.

I'd like a room with a view of the ocean.
아이(ㄷ) 라익 어 루움 윗 어 뷰- 어(ㅂ) 디 오우션

💬 싱글룸이 있습니까?

Do you have a single room available?
두 유 해 버 싱글 루움 어베일러블
I'd like a single room, please.
아이(ㄷ) 라익 어 싱글 루움, 플리-(ㅈ)

💬 며칠 묵으실 겁니까?

For how many nights?
퍼 하우 메니 나잇(ㅊ)

💬 3박 하고 일요일 오전에 체크아웃 하려고 합니다.

I'd like to stay 3 nights and check out Sunday morning.

아이(ㄷ) 라익 투 스테이 쓰리- 나잇(ㅊ) 앤(ㄷ) 첵 아웃 선데이 머-닝

💬 숙박비는 얼마입니까?

What's the rate for the room?

왓(ㅊ) 더 레잇 퍼 더 루움

💬 조식이 포함되었나요?

Does this rate include breakfast?

더즈 디스 레잇 인클루(ㄷ) 브렉퍼슷

💬 좀 더 싼 방이 있나요?

Do you have anything cheaper?

두 유 해 배니씽 치-퍼

💬 오늘 밤 묵을 방이 있습니까?

Is there a room available tonight?

이즈 데어 어 루움 어베일러블 터나잇

체크인

💬 체크인을 부탁합니다.

Check in, please.
첵 인, 플리-(ㅈ)
I'd like to check in now.
아이(ㄷ) 라익 투 첵 인 나우

💬 지금 체크인 할 수 있습니까?

Can I check in now?
캔 아이 첵 인 나우

💬 체크인은 몇 시부터입니까?

What time is check-in?
왓 타임 이즈 첵 인

💬 예약은 하셨습니까?

Do you have a reservation?
두 유 해 버 레저베이션

💬 싱글룸을 예약한 스미스입니다.

My name is Smith, I have a reservation for a single.
마이 네임 이즈 스미쓰, 아이 해 버 레저베이션

퍼 어 싱글

💬 방을 바꾸고 싶습니다.

I would like to change my room.
아이 우(드) 라익 투 체인쥐 마이 루움

💬 짐을 부탁합니다.

Take my baggage, please.
테익 마이 배기쥐, 플리-(즈)

체크아웃

💬 체크아웃 부탁합니다.

Check out, please.
첵 아웃, 플리-(즈)
I'd like to check out.
아이(드) 라익 투 첵 아웃

💬 몇 시에 체크아웃 하시겠습니까?

When will you be checking out?
웬 윌 유 비- 체킹 아웃

💬 10시에 체크아웃 하려고 합니다.

I am going to check out at 10 o'clock.
아이 앰 고우잉 투 첵 아웃 앳 텐 어클락

💬 이 항목은 무슨 요금입니까?

What's this item?
왓(ㅊ) 디스 아이텀
What is this charge?
왓 이즈 디스 차-쥐

💬 저는 룸서비스를 시키지 않았는데요.

I never ordered any room service.
아이 네버 어-더(ㄷ) 애니 루움 서-비(ㅅ)

💬 잘못된 것 같은데요.

I think there is a mistake here.
아이 씽(ㅋ) 데어 이즈 어 미(ㅅ)테익 히어

💬 짐을 로비로 내려 주세요.

Please have my baggage brought down.
플리-(ㅈ) 해(ㅂ) 마이 배기쥐 브러엇 다운

숙박 시설 이용

💬 룸서비스를 부탁해도 될까요?

May I have room service?
메이 아이 해(ㅂ) 루움 서-비(ㅅ)

Room service, please.
루움 서-비(ㅅ), 플리-(ㅈ)

💬 세탁을 부탁할 수 있습니까?

Do you have a laundry service?
두 유 해 버 러언드리 서-비(ㅅ)

I want to send this to the laundry.
아이 원(ㅌ) 투 센(ㄷ) 디스 투 더 러언드리

Laundry service, please.
러언드리 서-비(ㅅ), 플리-(ㅈ)

💬 언제쯤 되나요?

When will it be ready?
웬 윌 잇 비- 레디

How long will it take?
하우 러엉 윌 잇 테익

💬 귀중품을 보관할 수 있습니까?

Could you take my valuables?
쿠 쥬 테익 마이 밸류어블(ㅅ)
Could I leave some of my valuables in the hotel safe?
쿠 다이 리-(ㅂ) 섬 어(ㅂ) 마이 밸류어블(ㅅ) 인 더 호우텔 세이(ㅍ)
Can I deposit my valuables?
캔 아이 디파짓 마이 밸류어블(ㅅ)

💬 6시에 모닝콜을 해 주세요.

A wake-up call at 6, please.
어 웨익 업 커얼 앳 식(ㅅ), 플리-(ㅈ)
Will you wake me up at 6?
윌 유 웨익 미 업 앳 식(ㅅ)
Can I have a wake-up call at 6?
캔 아이 해 버 웨익 업 커얼 앳 식(ㅅ)
Can you give me a wake-up call at 6?
캔 유 기(ㅂ) 미 어 웨익 업 커얼 앳 식(ㅅ)

💬 제게 메시지 온 것이 있습니까?

Is there any message for me?
이즈 데어 애니 메시쥐 퍼 미
Do you have any message for me?
두 유 해 배니 메시쥐 퍼 미

💬 열쇠를 보관해 주시겠어요?

Will you keep my key?
윌 유 키입 마이 키-

💬 제 방 열쇠를 주시겠어요?

Can I have my key?
캔 아이 해(ㅂ) 마이 키-

💬 이 짐을 비행기 시간까지 맡아 주세요.

Please keep this baggage until my flight time.
플리-(ㅈ) 키입 디스 배기쥐 언틸 마이 플라잇 타임

💬 이 짐을 한국으로 보내 주시겠어요?

Can I ask you to send this baggage to Korea?
캔 아이 애슥 큐 투 센(ㄷ) 디스 배기쥐 투 커리-아

💬 하루 더 연장해서 체류하고 싶습니다.

I'd like to extend my stay one more day.
아이(ㄷ) 라익 투 익스텐(ㄷ) 마이 스테이 원 머- 데이
I'd like to stay one day longer.
아이(ㄷ) 라익 투 스테이 원 데이 러엉거

421

💬 무선 인터넷을 사용할 수 있나요?

Can I use the wireless internet?
캔 아이 유-(ㅈ) 더 와이어리(ㅅ) 인터-넷

숙박 시설 트러블

💬 열쇠를 방에 두고 왔습니다.

I left the key in my room.
아이 레픗 더 키- 인 마이 루움
I locked myself out.
아이 락(ㅌ) 마이셀 파웃

💬 마스터키를 쓸 수 있을까요?

Do you have the master key, please?
두 유 해(ㅂ) 더 매스터 키-, 플리-(ㅈ)

💬 뜨거운 물이 나오지 않는데요.

There's no hot water.
데어(ㅅ) 노우 핫 워터

💬 화장실이 막혔어요.

The toilet doesn't flush.
더 터일릿 더즌(ㅌ) 플러쉬

💬 방이 청소되어 있지 않아요.

My room has not been cleaned yet.
마이 루움 해즈 낫 빈 클리인(ㄷ) 옛

💬 지금 점검해 주시겠어요?

Will you check on it right away?
윌 유 첵 언 잇 라잇 어웨이

💬 옆 방이 너무 시끄러운데요.

It's very noisy next door.
잇(ㅊ) 베리 노이지 넥슷 도어

💬 방이 엘리베이터에 너무 가까이 있는데, 바꿀 수 있을까요?

My room is too close to the elevator. Can I change it?
마이 루움 이즈 투- 클로우(ㅅ) 투 디 엘러베이터.

캔 아이 체인쥐 잇

Unit 5 관광

관광 안내소

💬 관광 안내소는 어디에 있나요?

Where is the tourist information center?
웨어 이즈 더 투어리숫 인퍼메이션 센터

💬 이 도시의 관광 안내서를 주시겠어요?

Do you have a sightseeing brochure of this town?
두 유 해 버 사잇시-잉 브로우슈어 어(ㅂ) 디스 타운

Please give me a leaflet on the town.
플리-(ㅈ) 기(ㅂ) 미 어 리-플릿 언 더 타운

💬 이 도시의 지도를 한 장 부탁합니다.

May I have a map of this town?
메이 아이 해 버 맵 어(ㅂ) 디스 타운

💬 부근에 가 볼만한 명소를 추천해 주시겠어요?

Can you recommend some interesting places around here?
캔 유 레커멘(ㄷ) 섬 인터레스팅 프레이시(ㅅ) 어라운(ㄷ) 히어

💬 이 지역의 호텔 정보를 알고 싶은데요.

I need information on local hotels.
아이 니잇 인퍼메이션 언 로우컬 호우텔(ㅅ)

💬 값싸고 괜찮은 호텔 하나 추천해 주시겠어요?

Can you recommend a cheap and nice hotel?
캔 유 레커멘 더 치입 앤(ㄷ) 나이(ㅅ) 호우텔

💬 약도를 좀 그려 주시겠습니까?

Could you draw me a map?
쿠 쥬 드러- 미 어 맵

투어

💬 투어 프로그램에는 어떤 것이 있나요?

What kind of tours do you have?
왓 카인 더(ㅂ) 투어(ㅅ) 두 유 해(ㅂ)

💬 당일 투어가 있습니까?

Do you have one-day tour programs?
두 유 해(ㅂ) 원 데이 투어 프로우그램(ㅅ)

💬 몇 시에 어디에서 출발합니까?

What time and where does it leave?
왓 타임 앤(드) 웨어 더즈 잇 리-(브)

💬 몇 시간이나 걸리나요?

How long does it take?
하우 러엉 더즈 잇 테익

💬 몇 시에 돌아올 수 있나요?

What time will we be back?
왓 타임 윌 위 비- 백

💬 요금은 1인에 얼마인가요?

How much is it per person?
하우 머취 이즈 잇 퍼 퍼-슨
What's the rate per person?
왓(츠) 더 레잇 퍼 퍼-슨

💬 가이드가 있습니까?

Do you have a guide?
두 유 해 버 가이(드)

💬 야경을 위한 관광이 있나요?

Do you have a tour for the night view?
두 유 해 버 투어 퍼 더 나잇 뷰-

입장권을 살 때

💬 티켓은 어디서 살 수 있나요?

Where can I buy a ticket?
웨어 캔 아이 바이 어 티킷

💬 입장료는 얼마인가요?

How much is the admission fee?
하우 머취 이즈 디 앳미션 피-

💬 어른 두 장이랑 어린이 한 장 주세요.

Two adults and one child, please.
투- 어델(ㅊ) 앤(ㄷ) 원 차일(ㄷ), 플리-(ㅈ)

💬 1시 공연의 좌석이 있나요?

Do you have any tickets for the 1 o'clock performance?
두 유 해 배니 티킷(ㅊ) 퍼 디 원 어클락 퍼퍼-먼(ㅅ)
Are there any tickets available at 1 o'clock?
아- 데어 애니 티킷 처베일러블 앳 원 어클락

💬 단체 할인이 되나요?

Do you have a group discount?
두 유 해 버 그루웁 디스카운(ㅌ)

427

💬 단체 할인 요금을 적용 받으려면 몇 명이 필요한가요?

How many people do we need to get the group rate?

하우 메니 피-플 두 위 니잇 투 겟 더 그루웁 레잇

💬 20명 이상의 단체는 20%의 할인을 받을 수 있습니다.

Groups of 20 or more can receive a 20% discount.

그루웁 서(ㅂ) 트웬티 어 머- 캔 리시- 버 트웬티 퍼센(ㅌ) 디스카운(ㅌ)

관람

💬 정말 아름다운 곳이네요!

What a beautiful place it is!

왓 어 뷰-터펄 플레이(ㅅ) 잇 이즈

💬 전망이 환상적이에요!

What a fantastic view!

왓 어 팬태스틱 뷰-

💬 관람 시간은 몇 시까지인가요?

What time will it be over?
왓 타임 윌 잇 비- 오우버

💬 이 시설은 7세 미만의 어린이만 이용 가능합니다.

It's supposed to be only for children under the age of seven.
잇(ㅊ) 서포우즛 투 비- 오운리 퍼 칠드런 언더 디
에이쥐 어(ㅂ) 세븐

💬 내부를 둘러봐도 될까요?

Can I take a look inside?
캔 아이 테익 어 룩 인사이(ㄷ)

💬 기념품 가게는 어디 있나요?

Where is the gift shop?
웨어 이즈 더 기풋 샵
Where can I buy the gifts?
웨어 캔 아이 바이 더 기풋(ㅊ)

💬 출구는 어디인가요?

Where is the exit?
웨어 이즈 디 엑짓

길 묻기

💬 국립미술관으로 가려면 어느 쪽으로 가야 하나요?

Which way do I go to get to the National Gallery?
위취 웨이 두 아이 고우 투 겟 투 더 내셔널 갤러리

💬 에펠탑으로 가려면 이 길이 맞습니까?

Is this the right way to the Eiffel Tower?
이즈 디스 더 라잇 웨이 투 디 아이플 타워

💬 역까지 가는 길을 가르쳐 주세요.

Please tell me the way to the station.
플리-(즈) 텔 미 더 웨이 투 더 스테이션
How can I get to the station?
하우 캔 아이 겟 투 더 스테이션

💬 곧장 가셔서 두 번째 모퉁이에서 우회전하세요.

Go straight and turn right at the second corner.
고우 스츠레잇 앤(ㄷ) 터언 라잇 앳 더 세컨(ㄷ) 커-너

💬 근처에 지하철역이 있습니까?

Is there a subway station around here?
이즈 데어 어 섭웨이 스테이션 어라운(ㄷ) 히어

💬 좀 먼데요. 버스를 타는 것이 낫겠네요.

It's far from here. You'd better take a bus.
잇(ㅊ) 파- 프럼 히어. 유(ㄷ) 베더 테익 어 버스

💬 여기에서 박물관까지는 얼마나 멉니까?

How far is the museum from here?
하우 파- 이즈 더 뮤-지-엄 프럼 히어

💬 여기에서 멀어요?

Is it far from here?
이즈 잇 파- 프럼 히어

💬 걸어갈 수 있나요?

Can I walk there?
캔 아이 웍 데어

💬 걸어서 몇 분이나 걸리나요?

How long does it take by foot?
하우 러엉 더 짓 테익 바이 풋

💬 걸어서 5분이면 됩니다.

It's only 5 minutes' walk.
잇 초운리 파이(ㅂ) 미닛(ㅊ) 웍

💬 지금 제가 있는 곳이 몇 가인가요?

Which street am I on now?
위취 스츠리잇 앰(ㄷ) 아이 언 나우

💬 이 지도에서 제가 있는 곳이 어디인가요?

Where am I on this map?
웨어 앰 아이 언 디스 맵

💬 죄송합니다. 저도 이곳이 처음입니다.

I'm sorry. I'm a stranger here.
아임 서-리. 아임 어 스츠레인저 히어

Unit 6 교통

기차

💬 뉴욕행 왕복 기차표 한 장 부탁합니다.

One round trip to New York, please.
원 라운(ㄷ) 츠립 투 누-여억, 플리-(ㅈ)

💬 몇 등석으로 드릴까요?

Which class do you want?
위취 클래(ㅅ) 두 유 원(ㅌ)

💬 텍사스로 가는 침대칸 한 장 주세요. 위층으로 부탁합니다.

I'd like to take a sleeper to Texas. Up, please.
아이(ㄷ) 라익 투 테익 어 슬리-퍼 투 텍서(ㅅ), 업, 플리-(ㅈ)

💬 열차의 배차 간격은 어떻게 되나요?

How often does the train come?
하우 어-픈 더즈 더 츠레인 컴
Do you know how often the trains run?
두 유 노우 하우 어-픈 더 츠레인(ㅅ) 런

💬 30분 간격으로 다닙니다.

Every 30 minutes.
에브리 써-티 미닛(ㅊ)

💬 LA행 열차는 몇 시에 출발합니까?

What time does the train for LA leave?
왓 타임 더즈 더 츠레인 퍼 엘에이 리-(ㅂ)

💬 열차가 30분 연착됐습니다.

Our train arrived 30 minutes behind schedule.
아워 츠레인 어라이붓 써-티 미닛(ㅊ) 비하인(ㄷ) 스케쥬울

지하철

💬 매표소는 어디입니까?

Where is the ticket counter?
웨어 이즈 더 티킷 카운터

💬 지하철 노선도를 받을 수 있을까요?

Can I have a subway map?
캔 아이 해 버 섭웨이 맵
A subway map, please.
어 섭웨이 맵, 플리-(ㅈ)

💬 어디에서 갈아타야 하나요?

Where should I transfer?
웨어 슈 다이 츠랜(ㅅ)퍼
Where do I change?
웨어 두 아이 체인쥐

💬 2호선으로 갈아타세요.

You can transfer to the number two line.
유 컨 츠랜(ㅅ)퍼 투 더 넘버 투- 라인

💬 요금은 얼마입니까?

How much is the fare?
하우 머취 이즈 더 페어

💬 시청으로 나가는 출구가 어디인가요?

Where is the exit for the City Hall?
웨어 이즈 디 엑짓 퍼 더 시티 허얼

435

💬 이 도시의 지하철은 몇 호선까지 있나요?

How many lines are there in this city?
하우 메니 라인 사- 데어 인 디스 시티

버스

💬 가까운 버스 정류장은 어디인가요?

Where is the nearest bus stop?
웨어 이즈 더 니어리슷 버스 스탑

💬 이 버스가 공항으로 가나요?

Does this bus go to the airport?
더즈 디스 버스 고우 투 디 에어퍼-(트)

💬 어디에서 내려야 하는지 알려 주시겠어요?

Could you tell me where to get off?
쿠 쥬 텔 미 웨어 투 겟 어-(프)
Please tell me when we arrive there.
플리-(즈) 텔 미 웬 위 어라이(브) 데어

💬 버스가 끊겼어요.

The bus stopped running.
더 버스 스탑(트) 러닝
There is no bus at this time of night.
데어 이즈 노우 버스 앳 디스 타임 어(브) 나잇

💬 도중에 내릴 수 있나요?

Can I stop over on the way?
캔 아이 스탑 오우버 언 더 웨이

💬 이 자리 비어 있습니까?

Is this seat vacant?
이즈 디스 시잇 베이컨(트)
Is this seat taken?
이즈 디스 시잇 테이큰
May I sit here?
메이 아이 시잇 히어

💬 여기에서 내리겠습니다.

I'll get off here.
아일 겟 어-(프) 히어

택시

💬 택시를 불러 주시겠어요?

Could you call me a taxi, please?
쿠 쥬 커얼 미 어 택시, 플리-(ㅈ)
I'd like to call a taxi.
아이(ㄷ) 라익 투 커얼 어 택시

💬 여기에서 택시를 잡도록 하죠.

Let's catch a taxi here.
렛(ㅊ) 캣취 어 택시 히어

💬 택시를 못 잡겠어요.

I can't find a cab.
아이 캔(ㅌ) 파인 더 캡

💬 어디로 가십니까?

Where to?
웨어 투
Where would you like to go?
웨어 우 쥬 라익 투 고우

💬 공항으로 가 주세요.

Can you take me to the airport?
캔 유 테익 미 투 디 에어퍼-(트)
Airport, please.
에어퍼-(트), 플리-(즈)

💬 이 주소로 가 주세요.

Take me to this address, please.
테익 미 투 디스 앳레(스), 플리-(즈)
To this address, please.
투 디스 앳레(스), 플리-(즈)

💬 제가 급하니까 지름길로 가 주세요.

I'm in a hurry, so please take a short cut.
아임 인 어 허리, 소우- 플리-(즈) 테익 어 셔-(트) 컷

💬 빨리 가 주세요.

Step on it, please.
스텝 언 잇, 플리-(즈)

💬 시간에 맞출 수 있을까요?

Can we make it?
캔 위 메익 잇

💬 속도를 좀 줄여 주시겠어요?

Can you slow down a little?
캔 유 슬로우 다운 어 리들
Please drive safely.
플리-(ㅈ) 드라이(ㅂ) 세입리

💬 저 모퉁이에 내려 주세요.

Drop me off at the corner.
드랍 미 어-(ㅍ) 앳 더 커-너
Pull over at the corner, please.
풀 오우버 앳 더 커-너, 플리-(ㅈ)
Let us off at the corner, please.
렛 어스 어-(ㅍ) 앳 더 커-너, 플리-(ㅈ)

💬 다 왔습니다.

Here we are.
히어 위 아-
Here's your stop.
히어 쥬어 스탑

💬 제 가방을 꺼내 주시겠어요?

Can you take out my bags?
캔 유 테익 아웃 마이 백(ㅅ)

💬 요금은 얼마입니까?

How much is it?
하우 머취 이즈 잇

💬 잔돈은 가지세요.

Keep the change.
키입 더 체인쥐

선박

💬 1등칸으로 한 장 주세요.

One first-class coach, please.
원 퍼-슷 클래(ㅅ) 코우취, 플리-(ㅈ)

💬 저는 배를 탈 때마다 배멀미를 합니다.

I get seasick whenever I get in a boat.
아이 겟 시-식 웨네버 아이 겟 인 어 보웃

💬 승선 시간은 몇 시입니까?

What time do we embark?
왓 타임 두 위 임바-(ㅋ)

💬 다음 기항지는 어디입니까?

Where are we calling at next?
웨어 아- 위 커-링 앳 넥숫

💬 이제 곧 입항합니다.

We will soon be at a port.
위 윌 수운 비- 앳 어 퍼-(트)

💬 승객들은 모두 배에 올랐습니다.

The passengers are all on board ship.
더 패신저 사- 어얼 언 버-(ㄷ) 쉽

Chapter 06
긴급상황도 OK!

Unit 1   응급상황
Unit 2   길을 잃음
Unit 3   사건&사고

Unit 1 응급상황

응급상황

💬 응급상황이에요.

This is an emergency.
디스 이즈 언 이머-전시

💬 병원까지 저를 좀 데려다 주시겠어요?

Could you please take me to the hospital?
쿠 쥬 플리-(ㅈ) 테익 미 투 더 하스피들

💬 친구가 쓰러져서 의식이 없습니다.

My friend fell and is unconscious.
마이 프렌(ㄷ) 펠 앤(ㄷ) 이즈 언컨셔(ㅅ)

💬 다리를 심하게 다친 것 같아요.

It seems like he hurt his legs badly.
잇 시임(ㅅ) 라익 히 허-(ㅌ)히스 렉(ㅅ) 뱃리

💬 정확한 상태를 말씀해 주시겠어요?

Can you tell me what the exact situation is?
캔 유 텔 미 왓 디 익잭(ㅌ) 시츄에이션 이즈

💬 응급실이 어디죠?

Where's the emergency room, please?
웨어(ㅈ) 디 이머-전시 루-움, 플리-(ㅈ)

💬 우리는 당장 그에게 응급 처치를 해야 해.

We have to give first aid to him right now.
위 해(ㅂ) 투 기(ㅂ) 퍼-슷 에잇 투 힘 라잇 나우

구급차

💬 구급차 좀 보내 주시겠어요?

Could you send an ambulance?
쿠 쥬 센 던 앰뷸런(ㅅ)

💬 구급차를 불러 주세요.

Could you please call an ambulance?
쿠 쥬 플리-(ㅈ) 커얼 언 앰뷸런(ㅅ)

💬 구급차를 부를까요?

Should I call an ambulance?
슈 다이 커얼 언 앰뷸런(ㅅ)

💬 구급차를 바로 부를게.

I'll call an ambulance right now.
아일 커얼 언 앰뷸런(ㅅ) 라잇 나우

💬 어서 구급차를 불러.

Hurry and call an ambulance.
허리 앤(ㄷ) 커얼 언 앰뷸런(ㅅ)

💬 움직이지 못하게 하고 구급차가 도착할 때까지 기다려 주세요.

Don't let him move and wait until the ambulance arrives.
도운(ㅌ) 렛 힘 무-(ㅂ) 앤(ㄷ) 웨잇 언틸 디 앰뷸런(ㅅ) 어라이브(ㅅ)

💬 구급차가 와요.

Here comes an ambulance.
히어 컴(ㅈ) 언 앰뷸런(ㅅ)

💬 구급차가 바로 갈 겁니다.

An ambulance is on the way.
언 앰뷸런(ㅅ) 이즈 언 더 웨이

💬 구급차가 곧 그곳에 도착할 것입니다.

The ambulance will be right over.
디 앰뷸런(ㅅ) 윌 비- 라잇 오우버

💬 다행히 구급차가 바로 왔다.

Luckily an ambulance arrived shortly after.
럭킬리 언 앰뷸런(ㅅ) 어라이브(ㄷ) 셔-(ㅌ)리 애(ㅍ)터

💬 구급차가 올 때까지 제가 할 수 있는 것이 있나요?

Is there anything I can do before the ambulance comes?
이즈 데어 애니씽 아이 캔 두 비퍼- 디 앰뷸런(ㅅ) 컴(ㅅ)

💬 제인은 구급차 들것에 눕혀졌다.

Jane was placed on an ambulance stretcher.
제인 워즈 플레이숫 언 언 앰뷸런(ㅅ) 스츠렛처

Unit 2 길을 잃음

길을 잃음

💬 길을 잃었어요.

I got lost.
아이 갓 러-슷
I lost my way.
아이 러-슷 마이 웨이
I missed my way.
아이 미슷 마이 웨이

💬 지금 있는 곳이 어디인가요?

Where are you now?
웨어 아- 유 나우

💬 여기가 어디인지 모르겠어요.

I don't know where I am.
아이 도운(ㅌ) 노우 웨어 아이 앰

💬 주변에 보이는 것을 말씀해 주시겠어요?

Can you tell me what you can see around you?
캔 유 텔 미 왓 유 캔 시- 어라운 쥬

미아

💬 딸을 잃어버렸어요.

My daughter is missing.
마이 더-터 이즈 미싱
I lost my daughter.
아이 러-슷 마이 더-터

💬 어디에서 잃어버리셨나요?

Where did you lose her?
웨어 디 쥬 루-(ㅈ) 허
Where did you last see him?
웨어 디 쥬 래슷 시- 힘

💬 인상착의를 알려 주세요.

Please let me know the looks of your child.
플리-(ㅈ) 렛 미 노우 더 룩 서 뷰어 차일(ㄷ)

💬 여섯 살 난 제 아이가 사라졌어요.

My six-year-old seems to have disappeared.
마이 식 시어 오울(ㄷ) 시임(ㅅ) 투 해(ㅂ) 디서피어(ㄷ)

💬 미아를 찾기 위한 방송을 해 주시겠어요?

Could you make an announcement for a missing child?
쿠 쥬 메익 언 어나우스먼(ㅌ) 퍼 어 미싱 차일(ㄷ)

💬 미아보호소가 어디예요?

Where's the home for missing children?
웨어(ㅈ) 더 호움 퍼 미싱 칠드런

Unit 3 사건 & 사고

분실 사고

💬 분실물 보관소는 어디인가요?

Where is the lost and found?
웨어 이즈 더 러-슷 앤(ㄷ) 파운(ㄷ)

💬 언제 어디에서 분실하셨나요?

When and where did you lose it?
웬 앤(ㄷ) 웨어 디 쥬 루- 짓

💬 신용카드를 잃어버렸습니다.

I lost my credit card.
아이 러-슷 마이 크레딧 카-(ㄷ)

💬 택시 안에 지갑을 두고 내렸어요.

I left my purse in a taxi.
아이 레픗 마이 퍼- 신 어 택시

💬 어디에서 잃어버렸는지 기억이 안 나요.

I don't remember where I lost it.
아이 도운(ㅌ) 리멤버 웨어 아이 러-슷 잇

💬 여기에서 휴대 전화를 보지 못했나요?

Didn't you see a cell phone here?
디든 츄 시- 어 셀 포운 히어

분실 신고 & 분실물 센터

💬 분실물은 저희가 책임질 수 없습니다.

We can't take responsibility for the lost things.
위 캔(ㅌ) 테익 리스판서빌러티 퍼 더 러-숫 씽(ㅅ)

💬 분실물 신청용지를 작성해 주세요.

Fill out this lost luggage form.
필 아웃 디스 러-숫 러기쥐 퍼엄

💬 분실한 짐을 찾으러 왔습니다.

I'm here to pick up my luggage that I lost.
아임 히어 투 픽 업 마이 러기쥐 댓 아이 러-슷

💬 분실한 카드를 신고하려고 합니다.

I'd like to report a lost card.
아이(드) 라익 투 리퍼-(트) 어 러-숫 카-(드)

💬 어서 카드 분실 신고를 해.

You'd better hurry and report the card missing.
유(드) 베더 허리 앤(드) 리퍼-(트) 더 카-(드) 미싱

💬 분실물 센터에 가 보는 게 좋겠다.

You should try the Lost and Found.
유 슈(드) 츠라이 더 러-숫 앤(드) 파운(드)

💬 분실물 센터에 가서 확인해 봐.

You'll have to check with the Lost and Found.
유일 해(브) 투 첵 윗 더 러-숫 앤(드) 파운(드)

도난

💬 도둑이야!

Thief!
씨-(ㅍ)

Robber!
라버

Stop thief!
스탑 씨-(ㅍ)

💬 제 지갑을 도단당했습니다.

My wallet was stolen.
마이 왈릿 워즈 스토울런

I've got my wallet stolen.
아이(ㅂ) 갓 마이 왈릿 스토울런

I was robbed of my purse.
아이 워즈 랍 터(ㅂ) 마이 퍼-(ㅅ)

I had my purse lifted.
아이 해(ㄷ) 마이 퍼-(ㅅ) 립팃

💬 그가 제 지갑을 훔쳤습니다.

He stole my purse.
히 스토울 마이 퍼-(ㅅ)

💬 누가 제 가방을 가져갔어요.

Someone took my bag.
섬원 툭 마이 백
I have been mugged.
아이 해(ㅂ) 빈 먹(ㄷ)

💬 강도를 당했어요.

I was robbed.
아이 워즈 랍(ㄷ)

💬 경비원을 불러 주세요.

Call a security officer.
커얼 어 시큐어러티 어-피서

💬 이웃에서 도난 사건이 몇 건 있었다.

There were several burglaries in the neighborhood.
데어 워- 세버럴 버-그러리 진 더 네이버훗

💬 도난 신고했어요?

Did you report a burglary to the police?
디 쥬 리퍼- 터 버-그러리 투 더 펄리-(ㅅ)

💬 그건 도난방지기예요.

That's a burglar alarm.
댓 처 버-그러 어라암

💬 그는 가게에서 물건을 훔치다가 걸렸다.

He got caught shoplifting.
히 갓 커웃 샵립팅

💬 어젯밤에 우리 집에 도둑이 들었다.

My house was robbed last night.
마이 하우(ㅅ) 워즈 랍(ㄷ) 래슷 나잇

A thief broke in to my house last night.
어 씨-(ㅍ) 브로욱 인 투 마이 하우(ㅅ) 래슷 나잇

💬 외출한 사이 누가 방에 침입했습니다.

Someone broke into my room while I was out.
섬원 브로욱 인투 마이 루움 와일 아이 워즈 아웃

💬 외출한 사이에 도둑이라도 들면 어쩌지?

What if we get burgled while we're going out?
왓 이(ㅍ) 위 겟 버-글(ㄷ) 와일 위어 고우잉 아웃

소매치기

💬 소매치기야!

Pickpocket!
픽파킷

💬 소매치기 주의!

Beware of pickpockets!
비웨어 어(ㅂ) 픽파킷(ㅊ)
Be alert for purse-snatchers!
비- 얼러엇 퍼 퍼-(ㅅ) 스냇처(ㅅ)

💬 저놈 잡아요!

Catch him!
캣춰 힘

💬 가방을 빼앗겼어요.

My bag was snatched.
마이 백 워즈 스내춰(ㅌ)
Someone snatched my bag.
섬원 스냇춰(ㅌ) 마이 백

💬 소매치기가 내 지갑을 훔쳤어요.

A pickpocket frisked me of my wallet.
어 픽파킷 프리슥(ㅌ) 미 어(ㅂ) 마이 왈릿

A pickpocket walked off with my purse.
어 픽파킷 웤(ㅌ) 어-(ㅍ) 윗 마이 퍼-(ㅅ)

I was robbed of my wallet by a pickpocket.
아이 워즈 랍 더(ㅂ) 마이 왈릿 바이 어 픽파킷

💬 경찰을 부르겠어요.

I'll call the police.
아일 커얼 더 펄리-(ㅅ)

💬 소매치기를 조심하세요!

Beware of pickpockets!
비웨어 어(ㅂ) 픽파킷(ㅊ)

Look out for pickpockets!
룩 아웃 퍼 픽파킷(ㅊ)

Be alert for purse-snatchers!
비- 알러엇 퍼 퍼-(ㅅ) 스냇처(ㅅ)

- 여기에서는 지갑을 조심하세요. 소매치기 당하기 쉽거든요.

    Watch your wallet here. It's easy to be pickpocketed.

    왓취 유어 왈릿 히어. 잇(ㅊ) 이-지 투 비- 픽파킷팃

- 승객 여러분 소매치기를 조심하십시오.

    Passengers are warned against pickpockets.

    패신저 사- 워언(ㄷ) 어게인슷 픽파킷(ㅊ)

- 소매치기가 내 눈앞에서 그것을 훔쳐갔어요.

    The pickpocket took it right from under my nose.

    더 픽파킷 툭 잇 라잇 프럼 언더 마이 노우(ㅈ)

- 오늘 아침 지하철에서 소매치기를 당했어요.

    I was pickpocketed on the subway this morning.

    아이 워즈 픽파킷팃 언 더 섭웨이 디스 머-닝

사기

💬 사기를 당했습니다.

I was ripped off.
아이 워즈 립 터-(프)
I have been cheated.
아이 해(ㅂ) 빈 치-팃

💬 사기로 돈을 떼였어요.

I was jobbed out of my money.
아이 워즈 잡 다웃 어(ㅂ) 마이 머니

💬 그는 사기꾼이에요.

He is a con artist.
히 이즈 어 컨 아-티슷
He is a damn swindler.
히 이즈 어 댐 스윈들러

💬 사기 치지 마!

Don't take me for a ride!
도운(ㅌ) 테익 미 퍼 어 라이(ㄷ)

💬 그건 순전히 사기야.

It's all a do.
잇 처얼 어 두
It's a downright swindle.
잇 처 다운라잇 스윈들

💬 그는 사기로 가진 것을 바가지 썼다.

He was fleeced his belongings by fraud.
히 워즈 플리-숫 히스 비러엉잉(ㅅ) 바이 프러엇

💬 그는 내게 사기를 쳐서 돈을 빼앗았다.

He conned me out of money.
히 컨(ㄷ) 미 아웃 어(ㅂ) 머니
He has shaken me down.
히 해즈 쉐이큰 미 다운
He was jobbed out of my money.
히 워즈 잡 다웃 어(ㅂ) 마이 머니

💬 그는 사기죄로 체포됐다.

He was arrested on a charge of fraud.
히 워즈 어레스팃 언 어 차-쥐 어(ㅂ) 프러엇
He was charged with fraud.
히 워즈 차-쥐(ㄷ) 윗 프러엇

💬 그는 사기 행각을 벌여서 체포되었다.

He was arrested for having played the rogue.
히 워즈 어레스팃 퍼 해빙 플레잇 더 로욱

💬 그는 날 협박해서 돈을 사기 쳤어요.

He's shaken me down.
히즈 쉐이큰 미 다운

💬 택시 운전사한테 사기 당했어.

I got ripped off by the cab driver.
아이 갓 립 터-(프) 바이 더 캡 드라이버

💬 나는 그 사기꾼의 말을 다 믿었다고.

I believed the con artist's story hook, line and sinker.
아이 빌리-브(드) 더 컨 아-티스(츠) 스터-리 훅, 라인 앤(드) 싱커

💬 그는 완전히 사기꾼이야.

He is a crook inside out.
히 이즈 어 크룩 인사이 다웃

경찰 신고

💬 여기에서 가장 가까운 경찰서가 어디인가요?

Where is the nearest police station?
웨어 이즈 더 니어리숫 펄리-(ㅅ) 스테이션

💬 경찰을 불러 주세요.

Call the police.
커얼 더 펄리-(ㅅ)

💬 도난 신고를 하려고 합니다.

I'd like to report a theft.
아이(ㄷ) 라익 투 리퍼- 터 쎄풋

💬 도난 증명서를 만들어 주십시오.

Could you make out a report of the theft?
쿠 쥬 메익 아웃 어 리퍼- 터(ㅂ) 더 쎄풋

💬 어디에 신고해야 합니까?

Where should I report it to?
웨어 슈 다이 리퍼- 팃 투

💬 가까운 경찰서에 가서 신고하는 게 좋겠어요.

You'd better come down to the station and report it.
유(ㄷ) 베더 컴 다운 투 더 스테이션 앤(ㄷ) 리퍼- 릿

💬 한국 대사관에 연락해 주세요.

Please call the Korean embassy.
플리-(ㅈ) 커얼 더 커리-언 엠버시
I want to contact the Korean embassy.
아이 원(ㅌ) 투 컨택(ㅌ) 더 커리-언 엠버시

교통사고

💬 교통사고 신고를 하려고 합니다.

I want to report a car accident.
아이 원(ㅌ) 투 리터- 터 카- 액시던(ㅌ)

💬 교통사고를 목격했습니다.

I witnessed a traffic accident.
아이 윗니스 터 츠래픽 액시던(ㅌ)

💬 교통사고를 당했어요.

I had a car accident.
아이 해 더 카- 액시던(트)
My car has been in a traffic accident.
마이 카- 해(ㅈ) 빈 인 어 츠래픽 액시던(트)

💬 그 차가 내 차의 측면을 들이받았어요.

The car hit mine broadside.
더 카- 힛 마인 브러엇사이(ㄷ)

💬 정면충돌이었어요.

It was a head-on collision.
잇 워즈 어 헤 도운(트) 컬리즌

💬 그 교통사고는 언제 일어난 거죠?

When did the traffic accident happen?
웬 딧 더 츠래픽 액시던(트) 해픈

💬 하마터면 사고를 당할 뻔했어요.

We almost got into an accident.
위 어얼모우슷 갓 인투 언 액시던(트)
We had a close call.
위 햇 어 클로우(ㅅ) 커얼

💬 사고 증명서를 만들어 주십시오.

May I have an accident report, please.
메이 아이 해 번 액시던(트) 리퍼-(트), 플리-(ㅈ)

💬 운전 면허증을 보여 주세요.

I need to see your driver's license, please.
아이 니잇 투 시- 유어 드라이버(ㅅ) 라이센(ㅅ), 플리-(ㅈ)

💬 보험은 가입되어 있나요?

Is your car insured?
이즈 유어 카- 인슈어(ㄷ)

💬 보험의 유효 기간은 어떻게 되나요?

How long is this policy good for?
하우 러엉 이즈 디스 펄리-시 굿 퍼

💬 이곳은 교통사고 다발지점이에요.

This is an accident black spot.
디스 이즈 언 액시던(트) 블랙 스팟
This is a black spot for traffic accidents.
디스 이즈 어 블랙 스팟 퍼 츠래픽 액시던(ㅊ)

💬 음주 측정기를 부십시오.

Please blow into this breath analyzer here.
플리-(ㅈ) 블로우 인투 디스 브레쓰 애널라이저 히어

💬 정지 신호에서 멈추지 않으셨습니다.

You didn't stop for that stop sign.
유 디든(ㅌ) 스탑 퍼 댓 스탑 사인

안전사고

💬 그는 수영 중에 익사할 뻔했다.

He was nearly drowned while swimming.
히 워즈 니어리 드로운(ㄷ) 와일 스위밍

💬 바다에 빠진 소년은 익사했다.

The boy fed the fishes after falling into the sea.
더 보이 펫 더 피쉬 재(ㅍ)터 퍼-링 인투 더 시-

💬 그는 감전되어 죽을 뻔했다.

He was almost killed by an electric shock.
히 워즈 어얼모우슷 킬(ㄷ) 바이 언 일렉츠릭 샥

💬 계단에서 미끄러졌어.

I slipped on the stairs.
아이 슬립 턴 더 스테어(ㅅ)

💬 그는 미끄러졌지만 재빨리 난간을 잡았다.

He slipped but quickly caught hold of the railing.
히 슬립(ㅌ) 벗 쿠익리 커웃 호울 더(ㅂ) 더 레일링

💬 미끄러지지 않도록 조심하세요.

Watch your step so as not to slip.
왓취 유어 스텝 소우- 애(ㅈ) 낫 투 슬립

💬 오늘 아침에 빙판에서 미끄러졌어요.

This morning I slipped on some ice.
디스 머-닝 아이 슬립 턴 섬 아이(ㅅ)

💬 돌에 걸려 넘어졌어요.

I fell over a stone.
아이 펠 오우버 어 스토운
I tripped on a stone.
아이 츠립(ㅌ) 언 어 스토운

💬 돌에 걸려 넘어지면서 발목을 삐었다.

I tripped over a rock and sprained my ankle.
아이 츠립(ㅌ) 오우버 어 락 앤(ㄷ) 스프레인(ㄷ) 마이 앵클

💬 그녀는 중심을 잃고 넘어졌다.

She lost her balance and tumbled over.
쉬 로슷 허 밸런스 앤(ㄷ) 텀블(ㄷ) 오우버
She overbalanced herself and fell.
쉬 오우버밸런스(ㄷ) 허셀(ㅍ) 앤(ㄷ) 펠

💬 그녀는 발을 헛디뎌 넘어졌다.

She lost her footing and fell down.
쉬 랏(ㅊ) 허 풋팅 앤(ㄷ) 펠 다운

471

💬 자전거를 타다가 넘어졌어요.

I fell off my bicycle.
아이 펠 어-(프) 마이 바이시클

💬 넘어져서 일어나지 못하겠어요.

I've fallen and can't get up.
아이(브) 퍼-른 앤(드) 캔(트) 겟 업

💬 할머니는 넘어져서 무릎을 다치셨어.

My grandma fell and banged her knees.
마이 그랜(드)마 펠 앤(드) 뱅(드) 허 니-(ㅅ)

화재

💬 불이야!

Fire!
파이어

💬 소방서에 연락하세요.

Call the firehouse.
커얼 더 파이어하우(ㅅ)

💬 어젯밤에 화재가 났어요.

A fire broke out last night.
어 파이어 브로욱 아웃 래슷 나잇
A fire took place last night.
어 파이어 툭 플레이(스) 래슷 나잇
There was a fire last night.
데어 워즈 어 파이어 래슷 나잇

💬 그는 지난달에 화재를 당했어요.

He suffered from a fire last month.
히 서퍼(드) 프럼 어 파이어 래슷 먼쓰
He was caught in a fire last month.
히 워즈 커웃 인 어 파이어 래슷 먼쓰

💬 어젯밤 화재로 그 빌딩은 전소됐다.

Last night fire devastated the building.
래슷 나잇 파이어 데버스테이팃 더 빌딩

💬 그 화재는 누전으로 인해 일어났다.

The fire was started by a short circuit.
더 파이어 워즈 스타-팃 바이 어 셔-(트) 서-킷
The fire was caused by a leakage of electricity.
더 파이어 워즈 커-즛 바이 어 리-키쥐 어(브)
일렉츠리서티

💬 화재가 나서 사람들이 대피했다.

The people evacuated the town because of the fire.

더 피-플 이베큐에이팃 더 타운 비커-(ㅈ) 어(ㅂ) 더 파이어

💬 화재는 보통 부주의해서 발생한다.

Carelessness is often the cause of fires.

캐어리스니(ㅅ) 이즈 어-펀 더 커- 저(ㅂ) 파이어(ㅅ)

💬 소방관들은 5분 만에 화재 현장에 도착했다.

The firemen got to the fire in 5 minutes.

더 파이어멘 갓 투 더 파이어 인 파이(ㅂ) 미니(ㅊ)

💬 우리는 화재가 나서 대피했다.

We evacuated the town because of the fire.

위 이베큐에이팃 더 타운 비커- 저(ㅂ) 더 파이어

💬 화재경보기가 울리면 즉시 여기에서 나가세요.

If the fire alarm goes off leave here quickly.

이(ㅍ) 더 파이어 어라암 고우 저–(ㅍ) 리–(ㅂ) 히어 쿠이클리

💬 그 화재의 원인이 뭐예요?

What was the cause of the fire?

왓 워즈 더 커–(ㅈ) 어(ㅂ) 더 파이어

💬 그 화재 원인은 확실하지 않아요.

The cause of the fire is unknown.

더 커–(ㅈ) 어(ㅂ) 더 파이어 이즈 언노운

💬 해마다 이맘때면 화재가 자주 발생한다.

Fires are frequent at this time of the year.

파이어 자– 프리쿠언 탯 디스 타임 어(ㅂ) 디 이어

💬 화재에서 발생한 연기 때문에 목과 눈이 화끈거렸다.

Acrid smoke from the fire burned my throat and eyes.

애크릿 스모욱 프럼 더 파이어 버언(ㄷ) 마이 쓰로웃 앤(ㄷ) 아이(ㅈ)

지진

💬 간밤에 지진이 일어났어요.

An earthquake was felt last night.
언 어-쓰쿠에익 워즈 펠(ㅌ) 래슷 나잇

💬 지진으로 땅이 갈라졌다.

The ground was cracked by the earthquake.
더 그라운(ㄷ) 워즈 크랙(ㅌ) 바이 디 어-쓰쿠에익

💬 그 마을은 지진으로 파괴되었다.

The village was destroyed by an earthquake.
더 빌리쥐 워즈 디스츠로잇 바이 언 어-쓰쿠에익

💬 지진이 발생하면 책상 밑으로 들어가세요.

Please get under the table when the earthquake occurs.
플리-(ㅈ) 겟 언더 더 테이블 웬 디 어-쓰쿠에익 어커(ㅅ)

💬 그 건물은 지진에도 끄떡없었어요.

The building perfectly withstood the earthquake.
더 빌딩 퍼펙틀리 윗스툿 디 어-쓰쿠에익

💬 지진이 빚은 참사는 끔찍하다.

The earthquake created a disaster.
디 어-쓰쿠에익 크리에이티 더 디재스터

💬 지진으로 인한 해일을 봐라.

Look a tidal wave driven by the earthquake.
룩 어 타이들 웨이(ㅂ) 드리븐 바이 디 어-쓰쿠에익

💬 도쿄에 진도 8.2의 지진이 발생했다.

An 8.2 magnitude earthquake hit Tokyo.
언 에잇 퍼인(ㅌ) 투 매그니튜웃 어-쓰쿠에익 힛 토우키오우

💬 부산에 리히터 규모 4에서 5의 지진이 발생했다.

An earthquake measuring 4.0 to 5.0 on the Richter scale shook Busan.

언 어-쓰쿠에익 메저링 퍼- 퍼인(트) 오우 투 파이(브) 퍼인(트) 오우 언 더 릭터 스케일 슉 부산

💬 지진의 진앙지는 부산에서 400㎞ 떨어진 해상이었다.

The epicenter of the earthquake was 400km off Busan.

디 에피센터 어(ㅂ) 디 어-쓰쿠에익 워즈 퍼-헌드레(드) 킬로미터(ㅅ) 어-(ㅍ) 부산

💬 지진으로 많은 농작물이 피해를 입었다.

The earthquake caused much damage to the crops.

디 어-쓰쿠에익 커-즛 머취 대미쥐 투 더 크랍(ㅅ)

💬 이번 지진으로 수백만 명의 이재민이 발생했어요.

The earthquake left millions of people homeless.

디 어-쓰쿠에익 레풋 밀련 서(ㅂ) 피-플 호움리(ㅅ)

💬 그들은 이미 지진 피해를 복구했다.

They've already recovered from the effect of the earthquake.

데이(ㅂ) 어얼레디 리커버(ㄷ) 프럼 디 이펙(ㅌ) 어(ㅂ) 디 어-쓰쿠에잌

💬 지진이 무섭지 않은 사람은 없다.

Nobody dread earthquakes.

노우바디 드렛 어-쓰쿠에잌(ㅅ)

오늘부터 쉽게! 즐겁게! 만만하게!
다시 시작하는 **하루 3분 영어**

핵심을 짚어 주는 **원포인트 영어**!
3분 동영상 강의로 **보고 듣는 영어**!
바로 보고 이해하는 **그림 영어**!